PASCAL AKIRA FRANK

# KINTSUGI

金継ぎ

DIE KUNST, UNSERE WUNDEN ZU HEILEN

# Vor einer langen Zeit in Japan

## Mein Weg zu Kintsugi

Ich war zwölf Jahre alt und zu Besuch bei meinen Großeltern in Chigasaki, einer Küstenstadt sechzig Kilometer südlich von Tokio. Es war ein längerer Aufenthalt. Ein halbes Jahr am Stück war ich dort und machte in dieser Zeit alles, was man als Zwölfjähriger in Japan macht: Vormittags besuchte ich die Schule. Der Unterricht auf Japanisch fiel mir nicht ganz leicht und das Essen in der Schulkantine war mehr als gewöhnungsbedürftig. Doch das Gute war, dass ich den ganzen restlichen Tag gestalten konnte, wie ich wollte.

Ich erinnere mich, dass ich viel Zeit im Garten verbrachte, in dem die Bonsaisammlung meines Opas stand. Er hatte mir gezeigt, wie man sie richtig gießt, was schnell eine meiner Lieblingsbeschäftigungen an den Nachmittagen wurde. Die Miniaturbäume hütete mein Opa wie kostbare Schätze und es machte mich stolz, ihnen Wasser geben zu dürfen. Ansonsten verbrachte ich die Zeit damit, mit Bunbun, unserem Hund, zu spielen, mit dem Fahrrad an den Strand zu fahren, Osembe, japanisches Reisgebäck, zu essen und mit den Jungen aus der Nachbarschaft Schabernack zu treiben – kurz: Ich hatte eine wirklich gute Zeit im Land meiner Großeltern. Doch dann passierte es. Beim Spielen in der Wohnung warf ich aus Versehen eine Vase um, von der ich wusste, dass meine Oma sie sehr, sehr mochte. Es war eine kleine, elegante Vase aus Raku-Keramik. Als die Scherben auf dem Boden lagen, konnte ich es nicht fassen. »Was habe ich nur getan?! Oh nein, alles, nur nicht diese Vase!«, schoss es mir durch den Kopf.

Aber es war nichts mehr zu machen. Die Vase war und blieb kaputt. Und ich hatte sie kaputt gemacht. Ich kämpfte mit den Tränen.

Zu dem Zeitpunkt war ich allein in der Wohnung. Ich schaute auf den Boden, sah die Scherben und fühlte mich unendlich schlecht. Mir war sofort klar, dass ich etwas Schlimmes gemacht hatte. Meine Oma würde sehr traurig sein, wenn sie ihre geliebte Vase so in Trümmern sehen würde. Mit einem schlechten Gewissen, wie ich es selten in meinem Leben hatte, sammelte ich die Scherben auf.

Ich ging damit zu meinem Opa, der gerade im Garten mit seinen Bonsaibäumchen beschäftigt war. »Opa, schau, was ich gemacht habe«, sagte ich und zeigte ihm mit Tränen in den Augen die Scherben. Ich war sicher, dass er jetzt ordentlich wütend werden würde.

Aber er war es überhaupt nicht. Er sagte nur ganz ruhig zu mir: »Keine Sorge, das ist nicht weiter schlimm. Wir werden die Vase gemeinsam reparieren.«

Und das taten wir. In dem kleinen Werkzeugschuppen hinter dem Haus. Schritt für Schritt. Wir reparierten die Vase über Tage, ja sogar über Wochen hinweg mit einer besonderen Reparaturtechnik: Kintsugi. Was das Besondere daran war, konnte man am Ende sehen: Die Vase war nicht einfach nur wieder möglichst so wie zuvor, sondern die Bruchlinien hatten wir vergoldet.

*Ich war sehr erleichtert.*
*Kintsugi, diese alte japanische*
*Kunst des Reparierens von Vasen und Schalen,*
*Krügen und anderem Geschirr, hatte mich gerettet.*

Als ich die reparierte Vase meiner Oma zusammen mit einer von Herzen kommenden Entschuldigung überreichte, freute sie sich. Überhaupt war sie gar nicht traurig gewesen wegen meines Missgeschicks. Sie sagte, dass ihr Lieblingsstück jetzt noch mehr Charakter habe als vorher. Außerdem würde sie beim Anschauen der Vase von nun an immer an mich denken, wenn ich wieder in Deutschland sei.
Das war meine erste Berührung mit Kintsugi. Zu sagen, dass ich davon fasziniert war, wäre eine Untertreibung: Ich war begeistert! Kintsugi ließ mich nicht mehr los. Später, als ich älter war, ließ ich mir von meinem Opa zeigen, wie die Reparatur genau funktioniert, damit ich sie auch selbst durchführen konnte. Seitdem habe ich Kintsugi oft angewandt und

damit kaputte Gefäße repariert, meine eigenen, die meiner Familie, von Freunden und Bekannten.

Dabei ist mir eines aufgefallen: Kintsugi ist nicht nur eine Reparaturmethode für kaputte Dinge. Man kann sich auch selbst damit heilen. Denn die einzelnen Schritte sind eine perfekte Anleitung, um mit Krisen fertigzuwerden, an ihnen zu wachsen und gereift aus ihnen hervorzugehen.

Wenn es mir schlecht ging und ich das Gefühl hatte, ein wenig in Scherben aufgegangen zu sein, übertrug ich einfach die Arbeitsschritte von Kintsugi auf mich und mein Leben. Ich konnte sofort sehen: Das hilft. Es funktioniert. Auf diese Weise unterstützte mich Kintsugi bei den kleinen und großen Krisen, die das Leben mit sich bringt.

In diesem Buch möchte ich das Wissen, das uns die uralte japanische Reparaturkunst schenkt, an Sie weitergeben. Da ich sowohl japanische als auch deutsche Wurzeln habe, eigne ich mich dafür vielleicht besonders gut. Mein Wunsch und meine Hoffnung ist, dass Ihnen Kintsugi wie mir hilft, ein gutes, glückliches Leben zu führen. Dass auch Sie erleben, dass Scherben Glück bringen.

# KINTSUGI – VOM GLÜCK, IN SCHERBEN ZU LIEGEN

Etwas Kostbares zerbricht, wird repariert und ist nachher noch schöner als zuvor. Was macht die einzelnen Schritte der alten Kunst Kintsugi aus? Und warum kann das, was dabei mit Vasen oder Teeschalen geschieht, auch für uns selbst bedeutsam sein?

# Was genau ist Kintsugi?

## Am Anfang geht etwas entzwei: ein Gefäß … oder etwas in unserem Leben

Kintsugi ist eine jahrhundertealte, traditionelle japanische Handwerkskunst, mit der zerbrochene Stücke aus Keramik und Porzellan repariert werden. Kin heißt »Gold« und sugi »verbinden«, Kintsugi lässt sich also mit »Goldverbindung« übersetzen. Dieser Name zeigt schon, dass Gold bei der Reparatur eine wichtige Rolle spielt. Der ganze Vorgang ist vielstufig, er erstreckt sich über einen längeren Zeitraum und er erfordert sehr viel Geduld, Präzision, Sorgfalt und Achtsamkeit. Schauen wir uns anhand eines Beispiels an, wie Kintsugi gelebt wird. Am Beispiel von Herrn Takeshi.

Kintsugi beginnt immer damit, dass etwas kaputtgeht. In diesem Fall ist es die Teeschale von Herrn Takeshi, ein besonders schönes Stück, aus dem er täglich seinen grünen Tee trinkt. Doch dann passiert das Missgeschick: Ein Augenblick der Unachtsamkeit und sie rutscht ihm beim Abwaschen aus den Fingern. Der Schreck ist groß, doch da ist es schon zu spät: Die Schale ist zerbrochen und liegt in Scherben verteilt auf dem Küchenboden.

### DER ERSTE SCHRITT: ZERBRECHEN

Da Herr Takeshi sehr an seiner Teeschale hängt, kommt ihm nicht einmal kurz in den Sinn, die Scherben einfach in den Mülleimer zu bugsieren. Als Japaner weiß er, dass es Kintsugi gibt und die Schale keineswegs verloren ist. In einem Fernsehbericht hat er gesehen, dass es gerade sogar einen regelrechten Kintsugi-Boom gibt. Viele Menschen haben Kintsugi als Hobby entdeckt und reparieren und verschönern kaputtgegangene Dinge in Eigenregie mit dieser alten Technik. Es gibt mittlerweile sogar Kintsugi-Kits zu kaufen, die alles enthalten, was man zur Reparatur braucht. So können auch Laien aktiv werden.

Doch da Herr Takeshi von sich selbst glaubt, zwei linke Hände zu haben, beschließt er, auf Nummer sicher zu gehen und es auf die traditionelle Art zu machen: Er sammelt die Scherben ein und bringt sie zum nächsten Kintsugi-Meister, Herrn Musashi, dessen Familie schon seit mehreren Generationen eine Kintsugi-Werkstatt betreibt. Hier ist die Schale in guten Händen, findet Herr Takeshi.

### DER ZWEITE SCHRITT: KLEBEN

Meister Musashi freut sich über den neuen Auftrag. Er ist genau nach seinem Geschmack, denn am liebsten repariert er zu Bruch gegangene Stücke, die für seine Kunden einen großen emotionalen Wert haben. So wie die Lieblingsteeschale von Herrn Takeshi. Also sagt er ihm: »Keine Sorge, das kriegen wir schon hin. Geduld müssen Sie aber schon ein wenig haben, denn Kintsugi geht nicht von heute auf morgen. Es braucht seine Zeit.«

Die Arbeit beginnt. Meister Musashi begutachtet zunächst einmal die Scherben. Er überprüft, ob sie vollständig sind und die Bruchkanten sich nahtlos ineinanderfügen. Hierfür muss er ein wenig puzzeln: Welche Scherbe gehört wohin? Meister Musashi hat schon so oft in seinem Leben mit Scherben gearbeitet, dass die kleine Teeschale kein Problem für ihn darstellt. Schon nach kurzer Zeit hat er das Scherbenpuzzle gelöst. Er erkennt, dass die Schale fast komplett ist, nur ein kleiner Teil am oberen Rand fehlt.

Nun geht es ans Kleben. Meister Musashi nimmt hierfür zwei passende Scherben und verteilt mit einem Spatel Urushi auf beiden Bruchkanten. Urushi ist ein Lack, der aus dem Saft des in Ostasien wachsenden Lackbaums gewonnen wird. Es wird schon seit mehr als 6000 Jahren von Menschen zum Kleben benutzt. In der Jungsteinzeit wurden damit Pfeil- und Speerspitzen befestigt, jetzt klebt Meister Musashi damit die Scherben von Herrn Takeshis Teeschale aneinander. Stück für Stück nimmt das Gefäß so wieder seine ursprüngliche Form an.

Nachdem er alle Scherben zusammengeklebt hat, ist nur noch eine kleine Lücke an der Stelle mit der fehlenden Scherbe. Doch auch hierfür hat Meister Musashi eine Lösung: Er mischt eine Paste aus Urushi und Tonpulver an und ergänzt damit das fehlende Stück, wobei er mehrere Lagen aufträgt.

Zum Abschluss wickelt er die Teeschale, die nun wieder ihre ursprüngliche Form hat, mit Schnüren ein. So ist sie bereit für den nächsten Arbeitsschritt.

## DER DRITTE SCHRITT: RUHEN

Die Teeschale muss nun längere Zeit in einer Trockenkammer ruhen, damit der Lack vollkommen trocknen und aushärten kann. Dafür sind eine konstante Temperatur von etwa fünfundzwanzig Grad sowie eine hohe Luftfeuchtigkeit notwendig. Meister Musashi weiß, dass das Trocknen nicht nur wichtig ist, damit die Scherben gut aneinanderhaften. Es ist auch wichtig, weil im noch unausgehärteten Lack Urushi-Öle enthalten sind, die bei Hautkontakt allergische Reaktionen hervorrufen können. Erst wenn der Lack vollkommen trocken und ausgehärtet ist, besteht in dieser Hinsicht keine Gefahr mehr. Das Ruhen gibt der Schale Festigkeit und macht sie wasserdicht. So wird die Schale wieder gebrauchsfertig und kann erneut eine Rolle im Alltag von Herrn Takeshi spielen.

## DER VIERTE SCHRITT: WIEDERHERSTELLEN

Nachdem der Lack vollständig ausgehärtet und getrocknet ist, macht sich Meister Musashi daran, die Teeschale völlig wiederherzustellen. Hierfür sind verschiedene Teilarbeitsschritte notwendig. Als Erstes entfernt Meister Musashi sorgfältig überschüssigen Urushi. Vorsichtig fährt er an den Bruchlinien entlang und ertastet feinste Unebenheiten.

Nachdem er überschüssige Lackreste entfernt hat, schleift er die Bruchlinien mit Schleifkohle an.

Nun werden zwei weitere Lackschichten auf die Bruchlinien aufgetragen. Sie sollen für zusätzliche Stabilität sorgen. Zunächst bringt Meister Musashi mit einem Pinsel eine erste Schicht mit schwarzem Urushi auf. Dieser ist mit Ruß gemischt. Nachdem er getrocknet ist, folgt eine zweite Lackschicht mit rotem Urushi. Er hat seine Farbe von einer Mischung mit Eisenoxid und Zinnober. Mit diesem Schritt ist die Teeschale wiederhergestellt, Kintsugi jedoch noch nicht zu Ende. Es fehlt noch die Krönung.

### DER FÜNFTE SCHRITT: VERGOLDEN

Meister Musashi weiß, dass richtiges Timing für den letzten Schritt eine große Rolle spielt. Die letzte Lackschicht darf nicht völlig trocknen, noch während sie feucht ist, streut er pulverisiertes Gold in sie ein. Dann folgt eine weitere Trockenzeit und danach eine letzte Schicht Klarlack zum Versiegeln. Zum Abschluss poliert Meister Musashi den Klarlack und bringt damit das Gold richtig zum Glänzen. Nun ist der Kintsugi-Prozess abgeschlossen.

Meister Musashi schaut sich sein Werk an und ist damit zufrieden. Es waren viel Sorgfalt, Geduld und Präzision bei der Arbeit notwendig, sie hat Zeit und Hingabe gekostet, doch es hat sich gelohnt. Denn aus den Scherben ist die Teeschale von Herrn Takeshi nicht nur auferstanden, sondern strahlt jetzt in ganz neuer Schönheit.

Am nächsten Tag holt Herr Takeshi seine Schale ab. Er bewundert die Arbeit des Kintsugi-Meisters und bedankt sich überschwänglich. Auch er findet, dass seine Teeschale jetzt sogar noch schöner ist als vor dem Missgeschick.



## *Zum Ursprung von Kintsugi*

In Japan liebt man Geschichten. Und auch zum Ursprung von Kintsugi gehört eine Legende, die ich Ihnen gleich noch erzählen möchte. Ashikaga Yoshimasa, ein mächtiger Shōgun im Japan des 15. Jahrhunderts, besaß eine kostbare chinesische Teeschale. Aus ihr trank er bevorzugt seinen Tee bei den regelmäßig am Hof stattfindenden Teezeremonien. Dann passierte das Unglück: Aus Versehen zerbrach der Herrscher seine Teeschale. In seiner Trauer wusste er sich nicht besser zu helfen, als sie zur Reparatur zurück nach China zu schicken. Nach einigen Monaten kam die Gesandtschaft mit ihr zurück, doch mit enttäuschendem Resultat. Die Teeschale war zwar repariert, doch die Scherben waren einfach mit groben Metallklammern zusammengeflickt worden. Der Shōgun beauftragte daraufhin seine eigenen Kunsthandwerker, eine Reparaturmethode zu finden, die ein ästhetisch ansprechenderes Resultat liefern würde. Und das taten sie: Sie erfanden Kintsugi.

Es geht bei Kintsugi nicht darum, ein zerbrochenes Stück einfach nur zusammenzukleben und dabei den Bruch zu kaschieren. Ganz im Gegenteil: Der Bruch wird hervorgehoben. Die in leuchtendem Gold erstrahlenden Bruchlinien zeigen dem Betrachter, dass es sich bei dem Gefäß um etwas handelt, das einst zu Bruch ging, dem Besitzer aber so wertvoll war, dass er es mit Zeit, Geduld und Kunstfertigkeit zu neuem Leben erweckte.

Das Ergebnis: Das zerbrochene Stück ist durch den Schaden, den es genommen hat, nicht in seinem Wert gemindert, sondern ganz im Gegenteil sogar noch wertvoller und schöner geworden. Es hat nun eine komplexe Schönheit, die die eigene Geschichte und den Schaden, den es genommen hat, nicht verhehlt, sondern nach einer triumphalen Transformation offen zur Schau stellt. Nach dem Bruch ist es absolut unverkennbar ein Unikat. Seine wahre Schönheit kommt erst jetzt zum Vorschein.

Die Schönheit eines mit Kintsugi reparierten Stücks reiht sich ein in ein japanisches ästhetisches Konzept: Wabi-Sabi. Die von Wabi-Sabi geprägte Ästhetik ist eng mit dem Zen-Buddhismus verbunden und sucht die Schönheit nicht im Glanzvollen, Strahlenden und Perfekten, sondern im Vergänglichen, Alten und Fehlerhaften. Ein Grundgedanke des Zen-Buddhismus ist die Flüchtigkeit aller weltlichen Phänomene: Menschen und Dinge, Gedanken und Gefühle – alles vergeht. Kintsugi greift diese Flüchtigkeit auf und betont sie. Es legt Schönheit offen, die sich im Makel verbirgt.

# Kintsugi als Lebenskunst

## Was wir mit Teeschalen und Vasen gemeinsam haben

Das Bild von Schaden, Transformation und Heilung durch Kintsugi lässt sich gut auf uns Menschen übertragen: Die zu Bruch gegangene kostbare Teeschale sind wir im übertragenen Sinne nämlich selbst. Denn der einfache Umstand, am Leben zu sein, bringt es mit sich, Schaden zu nehmen, Unglück zu erleiden, körperliche und seelische Wunden davonzutragen. Die Frage ist, was wir damit machen. Einfach in Kauf nehmen? Versuchen, sich nicht davon kleinmachen zu lassen?

Kintsugi bietet eine bessere Antwort. Es lädt uns ein, den Schmerz, den Schaden und die Wunden als wertvolle Gelegenheiten anzusehen, zu wachsen und uns weiterzuentwickeln. Wir nehmen die Scherben unserer selbst in die Hand und fügen sie neu und noch schöner wieder zusammen. So können wir uns nach und nach heilen und dabei eine Form annehmen, die uns wirklich entspricht.

Das geht nicht von heute auf morgen. Tatsächlich ist es ein Prozess, der im Grunde das ganze Leben andauert. Doch wenn wir, wie beim Reparieren von Dingen mit Kintsugi, geduldig und achtsam mit uns selbst umgehen, dann ist die Belohnung reich: Wir gehen als reifere, gewachsene Menschen aus jeder Krise hervor, kennen uns selbst immer besser und werden mehr und mehr wir selbst.

## WIR SELBST SIND DIE TEESCHALE

Nicht nur die zerbrochene Teeschale ist durch den Schaden, den sie erlitten hat, wertvoller, schöner und einzigartiger geworden – auch wir können das. Wie gesagt handelt es sich dabei um einen fortwährenden Prozess. Größeren oder kleineren Schaden zu nehmen – hier bekommen wir eine Delle, da bricht ein Stück weg oder wir gehen durch einen schweren Schicksalsschlag gar vollkommen zu Bruch – ist ein natürlicher Teil des Lebens. Da das Schadennehmen andauert, solange wir leben, müssen wir uns auch ebenso lange heilen. Nutzen wir dafür die Prinzipien des Kintsugi, wird es zu einer Art Lebenskunst.

Lebenskunst heißt vor allem, sich und sein Leben als ein Kunstwerk zu sehen und sich selbst aktiv und leidenschaftlich zu »gestalten«. Das Ziel ist, sich durch die eigene Lebensweise zu einem Kunstwerk zu formen, das in einem umfassenden Sinn schön ist. Wie ein Bildhauer meißelt man sozusagen zeitlebens an einem Marmorblock, der man selbst ist, bis nach und nach eine Figur aus dem Stein hervortritt und immer schöner wird. Die Kunst dabei ist, auch Widrigkeiten und Schicksalsschläge des eigenen Lebens in Schönheit zu verwandeln, indem man sie nutzt, um zu wachsen, und sie harmonisch in die eigene Existenz integriert. Die Ähnlichkeit zu Kintsugi liegt auf der Hand. Denn in beiden Fällen ist man im übertragenen Sinne selbst der Gestalter und zugleich das Objekt der Gestaltung: Bei der Lebenskunst ist man Bildhauer und Statue, bei Kintsugi der Kintsugi-Meister und die zerbrochene Teeschale.

*Von »Lebenskunst« sprach man bereits in der Philosophie der griechisch-römischen Antike – und sie ist heute doch aktueller als je zuvor. Einfach gesagt beschäftigt sich die Lebenskunst mit der Frage, wie man sein Leben gut lebt.*

In diesem Buch möchte ich Kintsugi als eine Form der Lebenskunst betrachten. Denn Kintsugi kann uns dabei helfen, ein gutes Leben zu leben, also ein Leben, das lebenswert, schön und sinnvoll ist. Indem wir dem Bild einer Teeschale folgen, die zerbricht, um dann schrittweise neu zusammengefügt und vergoldet zu werden, haben wir ein kraftvolles Muster für die Heilung von uns selbst – und eine wertvolle Anleitung für ein glückliches Leben. Wir vergessen dann niemals mehr: Scherben bringen Glück.

DER ERSTE SCHRITT

# ZERBRECHEN

Am Anfang von Kintsugi steht das Zerbrechen. Dinge fallen und gehen kaputt. Das passiert nicht erst seit heute: Solange es Hände gab, die etwas halten können, sind diesen Händen auch Dinge entglitten und zu Boden gefallen. Doch wenn etwas zerbricht, muss das nicht unbedingt das Ende bedeuten. Es kann auch ein wunderbarer Anfang sein: durch Kintsugi.

①

# Fallen und zerbrechen

## Der Schrecken am Anfang des Kintsugi-Prozesses

Wumms! Schon war es geschehen. Einen kurzen Augenblick war Herr Takeshi unaufmerksam und die schöne Teeschale, aus der er so gern trank, lag zerbrochen am Boden.

Kintsugi beginnt immer damit, dass etwas fällt und zerbricht. Das geht schneller, als man denkt. Herr Takeshi, der schon immer ein wenig tollpatschig war, erledigte gerade seinen abendlichen Abwasch, als das Unglück passierte: Für eine Sekunde war er mit seinen Gedanken woanders – und schwupps! rutschte ihm seine schöne, heiß geliebte Teeschale aus der Hand. Mit einem lauten Krachen landete sie auf dem Boden. »Oh weh!«, dachte Herr Takeshi entsetzt, »das kann nicht wahr sein!«
Doch es war so. Dinge zerbrechen aus den unterschiedlichsten Gründen – und wir tun es auch. Denn die zerbrochene Teeschale, über der Herr Takeshi nun verdattert stand, das sind wir selbst. In einem Augenblick befand sie sich noch heil in der Hand und im nächsten lag sie zerbrochen auf

dem Boden. Das kennen Sie von sich selbst auch? Das ist nicht wirklich erstaunlich. Denn wenn Sie diese Zeilen lesen, haben Sie vermutlich schon öfter im Laufe Ihres Lebens die Erfahrung gemacht, zu straucheln, zu fallen und vielleicht sogar zu zerbrechen.

Man kann einfach nicht leben, ohne von Zeit zu Zeit zu fallen und zu zerbrechen. Oder andersherum: Fallen und zerbrechen sind ein natürlicher Bestandteil des Lebens.

Zu zerbrechen kann dabei für vieles stehen: beispielsweise für eine schwere Krankheit, mit der man konfrontiert ist, für den Tod eines nahen Angehörigen, die Trennung vom Partner, den Verlust des Arbeitsplatzes. Es ist eine Krise, die man durchmacht. Zu zerbrechen kann eine körperliche oder eine seelische Dimension haben. Oftmals hat es beides. Und es kann größer oder kleiner sein.

Vielleicht lief die Sache ja glimpflich ab und es ist nur ein kleiner Teil der Teeschale abgesprungen. Sie sieht noch einigermaßen intakt aus und man könnte sie sogar immer noch benutzen. Das wäre eine kleine Krise, wie sie der Alltag öfter mit sich bringt. Etwa ein grippaler Infekt, der uns vier Tage ans Bett fesselt, aber keine ernsthafte Gefahr darstellt. Wir wissen, wenn wir uns schonen und die Medikamente einnehmen, die uns der Arzt verschrieben hat, kommen wir bald wieder auf die Beine.

Oder aber es lief ganz und gar nicht glimpflich ab: Die Teeschale liegt über mehrere Meter verteilt in vielen kleinen Scherben auf dem Boden. So wie die von Herrn Takeshi.

1

Jetzt ist sie wirklich nicht mehr zu gebrauchen. Sie ist vollkommen zerstört. Das wäre das Pendant zu einer wirklich tiefen Krise. Vielleicht haben wir die Diagnose für eine lebensgefährliche Krankheit bekommen oder unser Lebenspartner teilt uns nach zwanzig Jahren Ehe mit, dass er sich neu verliebt hat und die Trennung wünscht.
Auch Herr Nakamura, ein alter Freund von Herrn Takeshi, machte derzeit eine Krise durch.

### *Herr Nakamura fiel vom Rad*

Als Herr Nakamura heute Morgen aufwachte, dachte er noch, dass es ein Tag wie jeder andere werden würde. Ein ganz normaler Tag – in seinem ganz normalen Leben.
Er fing eigentlich auch ganz gewöhnlich an: Herr Nakamura wachte vom Weckerklingeln auf, da war es draußen noch dunkel. Ein wenig schlaftrunken machte er sich für den Tag fertig. Er rasierte sich, putzte sich die Zähne und bereitete sich dann das Frühstück zu: typisch japanisch, Reis mit gebratenem Fisch, dazu Sojasoße, ein wenig Wasabi – und eine große Tasse grünen Tee. Mit guter Laune schwang er sich danach auf sein Fahrrad und machte sich auf den Weg zu seiner Arbeit.
Herr Nakamura war von Beruf Lektor und arbeitete in einem großen Verlag im Tokioter Bezirk Adachi. Von diesem wohnte er zu seinem Glück nicht allzu weit entfernt. Nur eine Viertelstunde mit dem Fahrrad. Doch auf dem Weg, den er schon viele Hundert Male gefahren war, passierte es

dann: An der Kreuzung Kohukubashi war Herr Nakamura für einen Augenblick abgelenkt, missachtete die Vorfahrtsregeln und fuhr seitlich in ein Auto. Dem Autofahrer ist nichts passiert, doch Herrn Nakamura hat es übel erwischt. Er fiel äußerst unglücklich vom Fahrrad. Zum Glück hatte er wenigstens seinen Helm auf dem Kopf. Dass er fiel, war das Letzte, woran er sich erinnern konnte.
Nun schlug Herr Nakamura die Augen wieder auf. Der Raum, in dem er lag, war ganz weiß. Sein Kopf hämmerte, in seinem rechten Arm steckte eine Kanüle, jede Bewegung tat weh. »Oh weh«, jammerte Herr Nakamura. »Der Tag ging doch so gut los. Und jetzt das!« Dann verlor er wieder das Bewusstsein und versank in einen tiefen Schlaf.

Wie diese Geschichte zeigt, schlittert man schneller in eine Krise, als man denkt. Kintsugi aber lehrt uns, dass das kein Weltuntergang ist. Die Teeschale mag zwar in Scherben liegen und wir selbst ebenso, aber das ist kein allzu großes Problem. Durch Kintsugi werden wir die Schale und uns selbst nicht nur wiederherstellen, sondern schöner und heiler, ja sogar »ganzer« als am Anfang werden.
Lassen Sie uns dazu eine kleine Übung machen: eine Minimeditation über das Fallen. Sie soll uns dabei helfen, in das Thema hineinzufinden, und uns bereit machen für Kintsugi. Es ist sozusagen eine kleine Aufwärmübung, Augenzwinkern inklusive.

# FÜR IHREN ALLTAG

## Eine kleine Fallmeditation

Führen Sie sich vor Augen, welche Erfahrungen Sie bereits mit dem Fallen gemacht haben:

- Welche Gegenstände haben Sie in Ihrem Leben schon fallen gelassen? Was ist dabei zu Bruch gegangen? Gehören Sie generell zu den Menschen, denen öfter mal etwas aus der Hand gleitet? Geben Sie sich auf der Tollpatsch-Skala eine Zahl von eins (so gut wie nie) bis zehn (fast täglich).
- Vielleicht gehören Sie zu den Menschen, die gern auch mal über ihre eigenen Füße stolpern? Straucheln und fallen kommt bei Ihnen öfter vor?
- Welche anderen Erfahrungen des Fallens und Zerbrechens haben Sie bereits gemacht?

# Die Scherben betrachten

## Wie wir den Blick auf die momentan schwierige Realität richten können

Das Schlimmste war passiert. Beim Aufprall hatte sich die Teeschale in viele kleine Scherben aufgelöst. Nachdem Herr Takeshi den ersten Schreck überwunden hatte, betrachtete er den Schaden. Ein Wechselbad schwieriger Gefühle.

Herr Takeshi konnte es nicht fassen: Er hatte es tatsächlich geschafft, seine heiß geliebte Teeschale zu zerstören. Woraus sollte er jetzt jeden Morgen seinen Tee trinken? Nur aus dieser Schale schmeckte der Tee ihm richtig gut. Sie war seit Jahren ein fester Bestandteil seines täglichen Aufstehrituals. Die Teeschale war ihm so vertraut – und jetzt war sie nicht mehr da. Einfach unfassbar!
Wenn wir in eine Krise geraten, ist es eine gute Idee, als Erstes nach den Scherben zu schauen: Wir blicken in uns hinein und beobachten, welche Gefühle mit der Krise verbunden sind. Als Herr Takeshi seine Teeschale fallen ließ, erschrak er sich zuerst mächtig. Diese Reaktion ist völlig normal. Wenn uns eine Krise heimsucht – wir erfahren vom Tod eines An-

gehörigen, uns wird plötzlich gekündigt oder wir finden heraus, dass unser Partner uns betrügt –, erstarren wir häufig in einem Schreckmoment. In diesem Zustand fühlen und denken wir nichts Bestimmtes, als seien unsere Gefühle und unsere Gedanken für einen Augenblick eingefroren. Doch das geht schnell vorbei und dann stürmen umso mehr Gefühle auf uns ein.

Oftmals fühlen wir uns in einer Krise traurig. Auch Herr Takeshi fühlte beim Anblick der Scherben am stärksten seine Trauer über den Verlust seiner geliebten Teeschale. Vielleicht fühlen wir auch Ärger gegenüber dem Schicksal – nach dem Motto: »Wie blöd! Wie konnte mir das nur passieren?« Manche fangen an, sich selbst zu bemitleiden: »Warum passiert mir immer so etwas Furchtbares?«

In schlimmen Krisen ist häufig ein Gefühl der Ohnmacht anzutreffen. Wir fühlen uns hilflos anderen Menschen oder Mächten ausgeliefert, die es anscheinend nicht gut mit uns meinen. Dieses Ohnmachtsgefühl kann dazu führen, dass wir resignieren, verzweifeln, in eine Depression versinken und unseren Lebensmut verlieren.

Auch die Geschichte von Herrn Nakamura zeigt: Es ist völlig normal, dass wir auf eine schwere Krise, die unerwartet über uns hereinbricht, zunächst mit negativen Gefühlen reagieren. Immerhin wurden wir aus der Bahn geworfen, finden uns in einer für uns ungewohnten, schwierigen Situation wieder und fühlen uns orientierungslos, ohnmächtig und hilflos. Wie momentan auch Herr Nakamura.

## *Herr Nakamura bekam eine schlechte Nachricht*

Ein Mann im weißen Kittel trat an das Bett von Herrn Nakamura. Er hatte weißes kurzes Haar, einen lustigen Schnurrbart und trug eine runde, etwas antiquiert wirkende Brille. Um seinen Hals baumelte ein Stethoskop. Er machte einen gutmütigen Eindruck.

»Guten Tag, Herr Nakamura, ich bin Doktor Ishiguro, Ihr betreuender Arzt. Da Sie jetzt wieder bei Bewusstsein sind, möchte ich Ihnen kurz erklären, wo Sie sind und was passiert ist. Sie hatten gestern Morgen einen Verkehrsunfall und wurden sofort in die Klinik eingeliefert. Wir mussten Sie operieren. Sie haben drei gebrochene Rippen, eine angerissene Milz, diverse Prellungen und Schürfwunden. Alles halb so wild. Leider muss ich Ihnen aber auch mitteilen, dass der Verdacht auf eine Gehirnverletzung besteht. Wir werden Sie in der nächsten Zeit hier im Aoyama-Krankenhaus behalten und weitere Tests dazu machen. Ruhen Sie sich jetzt bitte weiter aus und schonen Sie sich.«

Die Worte trafen Herrn Nakamura wie ein Schlag. Gehirnverletzung? Das klang wirklich überhaupt nicht gut. Ja, geradezu unheimlich. Er brauchte doch sein Gehirn! Was, wenn tatsächlich etwas damit sein sollte? Er hatte im Fernsehen einmal eine Reportage über Unfälle mit Gehirnschäden gesehen und erinnerte sich daran, wie wesensverändert die Menschen darin wirkten. »Was, wenn auch ich nicht mehr der Alte bin?«, ging es ihm durch den Kopf.

Eine große Angst befiel Herrn Nakamura. Und tatsächlich hatte er den Eindruck, nicht so klar wie sonst denken zu können. Auch sein Erinnerungsvermögen schien eingeschränkt zu sein. Er konnte sich noch immer nicht an den Unfallhergang erinnern. »Was ist, wenn mein Gehirn nicht mehr richtig funktioniert und ich nicht mehr arbeiten kann? Wovon soll ich leben?« Herr Nakamura fiel in ein großes schwarzes Loch.

Auf den ersten Blick wirkt es in einer Krise so, als gäbe es kein Entkommen vor unseren eigenen schweren Gefühlen. Doch das stimmt nicht. Wir können zwar nichts gegen die Existenz dieser dunklen Gefühle und des seelischen Schmerzes machen, doch wir können mit der richtigen Einstellung an sie herangehen. Denn auch wenn wir fallen und zerbrechen und uns in einer Situation wiederfinden, die katastrophal und existenziell bedrohend ist, haben wir die Wahl, mit welcher inneren Einstellung wir dem begegnen. Die Umstände können noch so widrig sein, diese innere Freiheit bleibt uns erhalten.
Diese Beobachtung machte auch der bekannte Psychologe Viktor Frankl, als er in der NS-Zeit in einem Konzentrationslager inhaftiert war – die wohl denkbar größte Krise, in die man überhaupt geraten kann. Er stellte fest, dass er Mithäftlinge hatte, die unter den grauenhaften Bedingungen sofort zusammenbrachen. Sie ließen jede Hoffnung fahren und gaben sich auf. Anderen Häftlingen aber gelang es, sich den

Lebensmut zu erhalten. Trotz der unwürdigen, lebensfeindlichen Bedingungen, die für alle Inhaftierten gleich waren, ging es ihnen subjektiv besser. Wie machten sie das? Sie hatten eine andere Einstellung. Indem sie beispielsweise ihr Augenmerk darauf richteten, ihren Mithäftlingen überall zu helfen, wo sie nur konnten, verringerten sie nicht nur deren Leid, sondern zugleich ihr eigenes. Dieses Beispiel zeigt die Bedeutung der richtigen Einstellung und die Freiheit, sie auch in den schlimmsten Zeiten frei zu wählen.

Wenn wir wie eine Teeschale fallen und zerbrechen, haben wir doch die Freiheit, der Krise mit einer gesunden Einstellung zu begegnen. Was bedeutet das? Vor allem, dass wir unsere Lage akzeptieren. Es bringt nichts, die eigene Situation zu leugnen. So schmerzhaft und so dunkel sie auch sein mag. Die Teeschale ist gefallen und zerbrochen. Nichts wird daran etwas ändern. Das eigene Zerbrechen zu leugnen wäre so, als würde Herr Takeshi die Scherben seiner Teeschale sofort Hals über Kopf zusammenkehren und in den nächsten Abfalleimer werfen. Als sei nie etwas passiert – nach dem Motto: »Schaden? Welcher Schaden? Hier ist alles wie immer.«

Je länger Sie das Schwierige ignorieren, umso länger dauert es, bis Sie einen Ausweg aus der Krise finden werden. Sich selbst schwach und am Boden zu sehen ist für viele Menschen nicht leicht. Doch sich in einer wirklich schweren Krise zu befinden bedeutet zwangläufig, schwach zu sein. Erlauben Sie sich also die momentane Schwäche.

# FÜR IHREN ALLTAG

## Mitgefühl mit sich selbst

Um die Krise leichter akzeptieren zu können, ist die richtige Einstellung sich selbst gegenüber wichtig: Gehen Sie nicht zu hart mit sich ins Gericht, martern Sie sich nicht mit Vorwürfen und lassen Sie unrealistische Ansprüche an sich selbst los.
Gehen Sie mit sich um, wie Sie mit einem guten Freund umgehen würden: rücksichtsvoll, liebevoll sorgend und mit Mitgefühl. Es ist paradox, doch leider wahr, dass viele Menschen mit sich selbst härter umgehen als mit ihren Mitmenschen. Doch das macht wirklich überhaupt keinen Sinn! Die Krise ist also auch eine gute Gelegenheit, um sich in Selbstmitgefühl zu üben.

# Die Scherben aufsammeln

## Wie wir ganz langsam wieder Hoffnung schöpfen

Herr Takeshi hatte sich ein wenig beruhigt. Er bückte sich und sammelte die Scherben seiner Teeschale vorsichtig zusammen. Als kleiner Haufen lagen sie nun in seiner Hand. »Oh weh«, er merkte, wie die Hoffnung ihn verließ.

Herr Takeshi betrachtete noch immer die Scherben in seiner Hand. Gewissenhaft hatte er die einzelnen Stücke auf dem Boden zusammengesucht. Das hatte eine Weile gedauert, denn die Splitter hatten sich über den kompletten Küchenboden verteilt. Sogar hinter den Abfalleimer hatte es eine Scherbe verschlagen.

Als alle Scherben schließlich in seiner Hand lagen, fragte Herr Takeshi sich mutlos: »Was hat dieser Scherbenhaufen noch mit meiner geliebten Teeschale zu tun? Alles ist zerstört!« Genauso wie Herrn Takeshi kann es uns gehen, wenn wir in einer schweren Krise sind: Es fällt uns schwer, an unsere Heilung und einen guten Ausgang zu glauben. Auch wenn wir den Schock und den Ansturm schwieriger Gefühle

am Anfang unserer Krise akzeptiert haben, fühlen wir uns doch immer noch orientierungs-, kraft- und hoffnungslos. Wir müssen also Mut schöpfen und uns selbst Hoffnung machen. Wie tun wir das?
Ein guter Weg ist es in solchen Situationen, sich vor Augen zu führen, dass das nicht unsere erste Krise ist. Wir sind schon durch viele Schwierigkeiten in unserem Leben gegangen, kleinere und größere, und bisher haben wir alle überlebt. So schlecht es uns gegangen sein mag und wie tief wir am Boden zerstört gewesen sein mögen – irgendwann haben wir uns aufgerappelt, haben uns den Staub von der Kleidung geklopft und sind weitergegangen. Wieso sollte es also diesmal anders sein?

*Auch diese Krise werden wir überstehen und bestimmt können wir das eine oder andere Gute aus ihr für unser weiteres Leben mitnehmen.*

Denn hatten nicht auch früher Krisen positive Aspekte? Als wir mittendrin steckten, sind sie uns nicht aufgefallen, aber wenn wir jetzt zurückblicken, dann sehen wir sie. Vielleicht hatten wir eine schwere Krankheit zu überstehen und sind daher dankbar, überhaupt noch am Leben zu sein. Wir schätzen das Leben mehr, achten stärker auf unsere Gesundheit und unsere Bedürfnisse. Möglicherweise haben sich

durch die Krankheit auch unsere Werte verschoben. Wir fragen uns: »Was ist wirklich wichtig im Leben?« und verbringen seither mehr Zeit mit Freunden und der Familie. Die Krise war schwer, doch wir sind daran gewachsen, haben Entschlossenheit und innere Stärke entwickelt.
Auch der im Krankenhaus liegende Herr Nakamura konnte durchaus das Gute in vergangenen Krisen sehen.

## *Herr Nakamura und der Bergaffe*

Noch immer lag Herr Nakamura in seinem weißen Zimmer des Aoyama-Krankenhauses. Er war nicht mehr ganz so verzweifelt. In den letzten Tagen hatte er noch viele Tests über sich ergehen lassen müssen. Er schien Glück im Unglück gehabt zu haben, denn der Verdacht auf eine Gehirnverletzung hatte sich nicht bestätigt.
Jetzt lag Herr Nakamura im Bett und dachte über sein Leben nach. Bald würde er aus dem Krankenhaus entlassen werden. Wieder arbeiten würde er aber noch für längere Zeit nicht können. »Ach, wo habe ich mich nur wieder hineingeritten?«, dachte er still. »Kann ich nicht besser aufpassen, wenn ich mit dem Fahrrad unterwegs bin? Mir tut noch immer jede Bewegung weh.« Doch dann kam ihm ruckartig die Erkenntnis, dass er so nicht denken sollte: »Ich habe wahnsinniges Glück gehabt. Und bestimmt hat diese ganze Geschichte auch ihre guten Seiten. Und in ein paar Jahren kann ich darüber lachen. Wie damals, als ich noch studierte und mich bei einem Ausflug mit Kommilitonen ins Hakone-

Gebirge ein Bergaffe in die Hand biss, weil er sie mit der Erdnusstüte verwechselte, die ich in ihr hielt. Der Biss entzündete sich fürchterlich, ich lag damals auch länger im Krankenhaus und die Ärzte wollten mich schon behutsam darauf vorbereiten, dass sie die Hand amputieren müssen. Mir ging es hundsmiserabel, doch dann schlug plötzlich ein Medikament an und alles verheilte gut. Seitdem weiß ich, wie wertvoll es ist, einen Körper zu haben, an dem alles dran ist. Und dass man besser vorsichtig ist, wenn man in der Nähe von Bergaffen mit Erdnüssen hantiert.«
Ein Lächeln legte sich auf Herrn Nakamuras Gesicht.

Krisen prägen uns und schenken uns Erkenntnisse, die wir ohne sie nicht hätten. Dass wir heute die sind, die wir sind, haben wir zu einem großen Teil auch den schwierigen Zeiten zu verdanken, die wir durchstehen mussten. Sie haben uns vor Herausforderungen gestellt, auf die wir reagieren mussten. Im Zuge dessen haben wir uns neu orientiert, sind in uns gegangen und haben Kräfte aktiviert, die tief in uns schlummerten und von denen wir oft nicht einmal ahnten, dass wir sie überhaupt besitzen. Die Krisen haben uns geformt, ob es uns bewusst war oder nicht. Mit Kintsugi sind wir uns von Anfang an bewusst, dass wir unser Fallen und Zerbrechen nutzen können, um uns in einer heileren Form neu zusammenzusetzen.

# FÜR IHREN ALLTAG

## Positive Aspekte von Krisen

Nehmen Sie sich ein Blatt Papier. Denken Sie zurück an schwierige Zeiten, die Sie überstanden haben, und versuchen Sie die positiven Aspekte darin zu finden.

- Was hat Sie die Krise gelehrt?
- Wie sind Sie an ihr gewachsen?
- Welche positive Veränderung hat sich ergeben?

Vieles kann ein Schatz aus einer Krise sein:

- Beziehungen zu anderen werden wichtiger.
- Die eigenen Bedürfnisse wichtig nehmen.
- Auf die Gesundheit achten.
- Das Leben mehr schätzen.
- Sich weniger über Kleinigkeiten aufregen.
- Gelassener mit sich und anderen umgehen.
- Sich der eigenen Kraft bewusst werden.
- Spiritualität entdecken.

①

# Sich die Schale ganz vorstellen

## Wie wir eine Vision entwickeln

Herr Takeshi brachte die Scherben seiner Teeschale zu Herrn Musashi, damit der sie mit Kintsugi repariere. Der Meister nahm die Scherben in Augenschein und in seinem Geist entstand das Bild der heilen Teeschale. Er stellte sie sich vollkommen unversehrt vor.

Meister Musashi war ein älterer Herr, der Kintsugi strikt nach der überlieferten Methode ausführte. Er trug einen Kimono bei der Arbeit, war stets gut gelaunt und hatte warme, gutherzige Augen. Herr Takeshi wusste sofort, dass seine Teeschale bei ihm in den richtigen Händen war. Der Kintsugi-Meister versicherte Herrn Takeshi, dass er sich keine Sorgen zu machen brauche, er werde die Teeschale mit seiner Reparaturkunst ganz sicher wiederherstellen.
Herr Musashi wusste, dass er als Erstes ein Bild von der Teeschale brauchte, ein Bild von ihr in ihrer ursprünglichen Form. Nur wenn er diese Vision vor Augen hatte, konnte er sie aus den Scherben wiederauferstehen lassen.

Auch wir brauchen eine Vision, wenn wir uns heilen und neu zusammenfügen wollen. Eine Vision von uns selbst, ein Bild, nach dem wir uns richten können. Viele indigene Kulturen auf der Erde wissen, wie wichtig es ist, eine Vision von sich selbst zu haben. Dafür kennen beispielsweise schamanische Völker die Visionssuche: In bestimmten Phasen des Lebens, etwa beim Eintritt ins Erwachsenenalter oder wenn man sich in einer Krise befindet, macht man sich auf, eine Vision von sich und seinem Leben zu erhalten. Das kann ganz unterschiedliche Formen annehmen. Oftmals gehört dazu, dass man sich für eine Weile aus der Gesellschaft zurückzieht, in die Wildnis geht, sich körperlich und psychisch reinigt, fastet und meditiert.

Die Vision ist das Ziel der Visionssuche: Ein Bild, das uns den eigenen Platz in der Welt und unsere Aufgabe darin vor Augen führt. Haben wir die Vision erhalten, gilt es, sie in der Realität zu manifestieren. Die Vision ist wie ein Leitstern für die Fahrt durch das Leben. Solange wir unseren Kurs auf sie ausrichten, können wir beruhigt sein, dass wir auch da ankommen, wo wir hinwollen.

Kintsugi zeigt uns, dass wir uns nicht in die Natur zurückziehen, fasten und meditieren müssen, um eine Vision von uns selbst zu erhalten. Meister Musashi nutzt seine Imagination, um die Scherben der zerbrochenen Teeschale zusammenzufügen und sie so in heiler Form auferstehen zu lassen. Und genauso machen wir es auch: Wir nutzen unsere Vorstellungskraft, um uns ein Bild von uns selbst zu machen.

Ein Bild, das uns inspiriert und Kraft schenkt. Ein Bild, nach dem wir uns richten können, wenn wir uns wie die Teeschale wieder zusammenfügen.
Auch Herr Nakamura ist nach seinem Krankenhausaufenthalt dabei, eine Vision von sich selbst zu entwickeln.

### *Herr Nakamura suchte das Glück*

Herr Nakamura war mittlerweile wieder zu Hause. Es ging ihm schon bedeutend besser, doch er musste sich noch schonen. Die viele Zeit im Bett gab ihm reichlich Gelegenheit zum Nachsinnen. Er dachte über vieles nach: über sich, sein Leben und den Unfall. »Jetzt liege ich noch hier, doch bald werde ich wieder mein gewohntes Leben aufnehmen. Dann werde ich wieder zur Arbeit gehen und am Wochenende den Stress, den ich unter der Woche hatte, loszuwerden versuchen. Denn das ist ja im Wesentlichen mein Leben.« Bei diesem Gedanken wurde es Herrn Nakamura eng in der Brust. Das Bild seines Alltags erfüllte ihn nicht gerade mit Freude. »Hm, vielleicht ist es an der Zeit, etwas zu ändern. Vielleicht ist dieser Unfall nicht ohne Grund passiert, sondern damit ich endlich einmal Zeit habe, in Ruhe mein Leben zu überdenken. Ich bin im letzten Monat siebenundvierzig geworden – und kann nicht sagen, dass ich wirklich glücklich bin. Ich sollte etwas ändern. Aber was?«
Mit solchen Gedanken schlug sich Herr Nakamura herum. Es schien ihm, als habe er in seinem Leben eine Sackgasse erreicht. Irgendetwas fehlte darin, das wusste er, denn er

fühlte sich schon länger nicht mehr richtig lebendig. Was könnte er ändern, damit er wieder glücklicher wäre?
Die Zeit im Bett wurde unterbrochen, wenn Herr Nakamura Besuch bekam. Er hatte seinen Unfall nicht an die große Glocke gehängt, doch seine Arbeitskollegen hatten ihm eine liebe Karte mit Genesungswünschen geschrieben und dazu einen großen Blumenstrauß geschickt, Freunde riefen an und erkundigten sich nach seinem Wohlergehen und einige statteten ihm eben auch persönlich einen Besuch ab. Seine Familie, von der er sich ein wenig entfremdet hatte, war ebenfalls um ihn besorgt. Seine jüngere Schwester Yuki, die auch in Tokio wohnte, besuchte ihn jetzt häufiger. Und sogar seine betagten Eltern waren einmal extra aus ihrem weit entfernten Dorf in Hokkaido angereist.
»Wie gut das alles tut«, dachte sich Herr Nakamura – und bekam eine Ahnung davon, was ihn glücklicher machen könnte. Langsam, aber sicher nahm die Vision eines erfüllteren Lebens in seinem Kopf Gestalt an.

Herr Nakamura schien eine Idee davon zu bekommen, wie ein glücklicheres Leben für ihn aussehen könnte. Da alle Menschen einzigartig sind, sind auch ihre Visionen einzigartig. Ihre Vision wird nicht wie die von Herrn Nakamura sein, und das ist auch gut so, denn nur Sie wissen, welche Bedürfnisse Sie haben, was Ihnen Sinn und Kraft gibt, kurz: was Sie glücklich macht.

## FÜR IHREN ALLTAG

### Eine Vision von sich selbst entwickeln

Machen wir uns daran, eine Vision zu entwickeln. Nehmen Sie sich hierzu mindestens eine halbe Stunde Zeit, gern auch länger. Es ist hilfreich, wenn Sie sich mit einer entspannten und gesammelten Geisteshaltung an die Erschaffung Ihrer Vision begeben. Wie Sie in einen solchen Zustand kommen, wissen Sie selbst am besten. Manche meditieren, andere machen einen Spaziergang in der Natur. Tun Sie das, was Ihnen liegt.
Wenn Sie sich bereit fühlen, dann brauchen Sie einen Stift, ein Blatt Papier und Ihre Vorstellungskraft. Schließen Sie Ihre Augen und atmen Sie ein paar Mal ruhig ein und aus. Lassen Sie dann langsam ein Bild von sich vor Ihrem inneren Auge entstehen. Ein Bild von Ihrem gegenwärtigen Selbst. Nehmen Sie sich dafür ruhig viel Zeit.

Am besten beginnen Sie mit dem wirklich Greifbaren, Ihrem Körper, den Sie an den Orten sehen, an denen Sie sich häufig aufhalten: Ihre Wohnung, Ihr Arbeitsplatz und so weiter. Reichern Sie das Bild von sich mit den Tätigkeiten an, die Ihren Alltag bestimmen. Sehen Sie sich beim Geschirrspülen, beim Autofahren, Lesen, Duschen, im Beruf. Auch Ihre Mitmenschen sind ein wichtiger Teil Ihres Lebens. Sehen Sie sich selbst, wie Sie mit Ihrem Umfeld – dem Partner, Freunden, Arbeitskollegen, Familienangehörigen – interagieren.
Wenn es Ihnen gelingt, auf diese Weise ein lebendiges Bild vor Ihrem inneren Auge heraufzubeschwören, werden sich dabei auch Gefühle einstellen. Manches wird Sie freudig stimmen, manches traurig. Einiges wird schmerzhaft sein. Achten Sie auf die heraufkommenden Gefühle und mit welchem Teil Ihres Lebens sie verbunden sind.
Das Bild, das Ihnen nun vor Augen steht, sind Sie selbst. Es ist Ihr Leben, wie es in diesem Augenblick ist. Alles, was Ihnen in der Vergangenheit widerfahren ist, alles, was Sie je gefühlt haben, jede Entscheidung, die Sie getroffen haben, hat Sie zu dem gemacht, was Sie in diesem Augenblick sind. Vielleicht gefällt Ihnen im Großen und Ganzen, was Sie sehen. Herzlichen Glückwunsch, dann brauchen Sie im Folgenden nicht allzu viel zu machen. Bleiben Sie auf Kurs.

Möglicherweise gefällt Ihnen das aktuelle Bild aber nicht so sehr. Oft ist es widersprüchlich, es gibt Teile des eigenen Lebens, die in Ordnung sind, bei anderen tauchen Gefühle auf, die Sie lieber nicht fühlen würden. Es ist nicht schlimm, wenn Sie so empfinden und das Bild von Ihnen kein schönes ist. Sie können jetzt eine heilere Vision Ihrer selbst kreieren.

### *Das Positive stärken*

Der Schlüssel dazu sind Ihre Gefühle. Fragen Sie sich:

- Was gibt Ihnen Kraft?
- Was erfüllt Sie mit Freude?
- Was schenkt Ihnen Sinn?
- Was gibt Ihnen Licht und Hoffnung?
- Was begeistert Sie im Leben?

Bleiben Sie in dem Bild von Ihrem jetzigen Ich und schauen Sie nach den Antworten. Sind es Ihre Freundschaften, bestimmte Tätigkeiten, Hobbys, Ihr Beruf? Malen Sie sich eine zukünftige Vision von Ihnen aus, in der diese lichtvollen, freudigen und sinnstiftenden Aspekte eine größere Rolle spielen. Bauen Sie sie aus, bis die Vision ganz von dem Gefühl der Freude erfüllt ist. Wenn Sie diese Vision Ihrer selbst sehen, sollten Sie sich gut, leicht und glücklich fühlen. Die Vision sollte hell und strahlend sein.

Angenommen, es sind die Menschen in Ihrem Umfeld, die Sie glücklich machen – es macht Ihnen Freude und gibt Ihnen Sinn, gemeinsam zu lachen, etwas zu unternehmen und füreinander da zu sein –, dann sollten Sie in Ihrer Vision diesen Aspekt stärken. Malen Sie sich aus, wie Sie öfter etwas mit Ihren Freunden unternehmen, sich stärker in Ihre Partnerschaft einbringen oder die Beziehung zu Ihrer Familie stärken.
Konzentrieren Sie sich bei der Vision Ihres zukünftigen Ichs auf das Positive. Wenn Ihnen die Vision vollständig vor Augen steht, nehmen Sie Ihr Schreibzeug und bringen Sie sie zu Papier. Es geht darum, die Vision später jederzeit wieder lebendig machen zu können. Ein kurzer Blick auf das Papier sollte genügen, dass Sie sich an Ihre Essenz erinnern. Dazu können Sie sich Stichpunkte machen, eine Mindmap zeichnen, eine Geschichte schreiben oder auch ein Bild malen. Werden Sie kreativ und nutzen Sie das Medium, das Sie mögen!
Es ist wichtig, die Vision lebendig zu halten. Werfen Sie daher von Zeit zu Zeit einen Blick auf Ihre Aufzeichnungen. Solange Sie die Vision in sich düngen und gießen, gibt sie Ihnen die Richtung für ein gelungenes und erfülltes Leben vor.

DER ZWEITE SCHRITT

# KLEBEN

Im Kleben liegt große Kraft. Voneinander Getrenntes wird dauerhaft verbunden, aus einem Haufen Scherben entsteht wie durch Zauberhand eine sinnvolle Form. Kintsugi nutzt die Magie des Klebens, um neues Leben in kaputte Dinge zu bringen. Indem Scherbe sich an Scherbe fügt, werden zerbrochene Dinge geheilt. Auch wir heilen uns, indem wir uns neu zusammenfügen.

② 

# Das Scherbenpuzzle lösen

## Was wir bei der Suche nach Alltagsmustern entdecken

Meister Musashi machte sich daran, das Scherbenpuzzle zu lösen: Welches Teil gehörte zu welchem? Behutsam legte er Scherbe an Scherbe, drehte hier eine, wendete da eine. Das Puzzeln machte ihm Spaß und mit jeder passenden Scherbe nahm die Teeschale mehr Gestalt an.

Die unzähligen Stunden, die Meister Musashi bereits mit Kintsugi verbracht hatte, haben ihm gezeigt: Beim Puzzeln geht es darum, aus Chaos Ordnung zu schaffen. Der Haufen Scherben, der vor ihm auf dem Tisch lag, war das Chaos. Der Kintsugi-Meister wusste aber, dass dieses Chaos nicht völlig ungeordnet war. In ihm schlummerte eine Form: die der Teeschale, bevor sie in Scherben zersprungen war.
Um sie wiederherzustellen, musste er die einzelnen Scherben nun zusammenpuzzeln. Dafür hielt Meister Musashi nach Mustern Ausschau. Welche Bruchlinie der einen Scherbe hatte ein Gegenstück an einer anderen? Sie mussten passen. Meister Musashi kam gut voran. Er sah, wie sich Scherbe an

Scherbe reihte, das Chaos langsam ab- und die Ordnung zunahm. Die einzelnen Puzzlestücke hatten sich zu einer höheren Einheit verbunden.

Übertragen wir das Puzzeln auf uns selbst, können wir uns fragen: Wie füge ich all die einzelnen Dinge in meinem Leben so zusammen, dass es ein harmonisches Ganzes ergibt? Das Ziel ist es, sogar sich selbst in einer stimmigen Form aufzubauen, in einer Form, in der man sich wohler und besser fühlt als vorher. Wenn wir uns neu aus Scherben zusammenpuzzeln, ist es das Ziel, mit dem Chaos in uns aufzuräumen und eine höhere Einheit zu erreichen.

Dabei bietet es sich an, wie bei der Teeschale nach Mustern Ausschau zu halten. Schauen wir also nach den Mustern in unserem Leben und stellen wir uns die Frage: Welche wiederkehrenden Formen prägen uns? Das können Handlungs- oder Denkmuster sein, Marotten, Gewohnheiten oder auch Zwänge. Diese Muster bestimmen zu einem großen Teil unser Leben. Führen Sie sich hierzu einmal den Ablauf eines gewöhnlichen Tages vor Augen. Wenn Sie nicht zu den ganz wenigen Ausnahmen gehören, werden Sie feststellen, dass er sich im Wesentlichen gleicht. Auch bevor Herr Nakamura seinen schlimmen Fahrradunfall hatte, war sein Alltag sehr gleichförmig: Sein Wecker klingelte am Morgen, er stand auf, machte sich fertig, frühstückte, ging zur Arbeit, kam gegen Abend nach Hause, aß etwas und verbrachte die verbleibende Zeit auf die eine oder andere Weise, bis er sich zum Schlafen hinlegte. Diese Gleichförmigkeit wird häufig erst

dann durchbrochen, wenn das passiert, worum es in diesem Buch geht: Man fällt und zerbricht, etwas Außergewöhnliches, Krisenhaftes passiert.
Im Alltag und in einem selbst sieht es dann auf einmal ganz anders aus als gewohnt. Und weil man die Welt immer aus den eigenen Augen betrachtet, sieht auch die Welt plötzlich ganz anders aus als zuvor. Im eigenen Erleben steht auf einmal alles Kopf, die Welt ist aus den Fugen geraten, ihre Ordnung futsch.

*Die Krise setzt uns außer Kraft und zugleich die Muster des Alltags. Wenn das passiert, haben wir die wertvolle Gelegenheit, unseren Alltag einmal mit neuen Augen zu sehen.*

Plötzlich haben wir Zeit und Raum, das eigene Tun zu reflektieren, zu überdenken und gegebenenfalls zu ändern. Wenn wir wie eine Teeschale zerbrechen, lädt das dazu ein, in den Scherben nach den Mustern unseres Lebens zu suchen und diese beim Zusammenkleben in eine neue, eine schönere Form zu bringen. In eine Form, die uns eher entspricht. Das ist eine große Chance. Und diese Chance erkannte auch Herr Nakamura.

## *Herr Nakamura erhielt ein Zeichen*

Es ging aufwärts. Herr Nakamura war zwar gesundheitlich noch immer nicht ganz auf dem Damm, doch der Gedanke, sein Leben umzukrempeln, beflügelte ihn. Die Heilung war mittlerweile so weit vorangeschritten, dass er kleinere Spaziergänge in die Umgebung machen konnte. Am liebsten ging er den Sumida-Fluss entlang. Die Stadtverwaltung hatte die Uferpromenade in einigen Bereichen neu gestaltet. Dabei war trister, grauer Beton einer einladenden Wiesenlandschaft mit Spazierwegen gewichen.

Was war mit seinem Leben nicht in Ordnung? Diese Frage beschäftigte Herrn Nakamura am meisten. Noch war er nicht wieder in sein altes Hamsterrad des Arbeitsalltags gestiegen und wollte diese Gelegenheit nutzen, um zu schauen, ob er sein Leben nicht ein wenig mehr so einrichten könnte, dass er sich darin wohler fühlte. »So wie man sich seine Wohnung einrichtet, dass man sich darin gut fühlt«, dachte Herr Nakamura. »Sie muss zu einem passen.«

Während er am Ufer des Sumida entlangspazierte, dachte er an all das, was sein Leben ausfüllte, wenn er gesund war. Er dachte an seine Arbeit und war glücklich darüber, dass er einen Beruf gewählt hatte, der wirklich zu ihm passte: Er hatte Bücher schon immer geliebt. Er dachte an seine Freunde und an das gute Gefühl, sie zu haben und Zeit mit ihnen zu verbringen. »Vielleicht sollte ich mich besser um meine Freundschaften kümmern.« Ja, das war eine gute Idee. In der Zeit vor seinem Unfall hatte er sich ziemlich stark zurückge-

zogen und viel Zeit allein vor dem Fernseher oder in der Pachinko-Halle verbracht. Hier saß er vor einem klingelnden Automaten, schmiss Münzen nach und zog an einem Hebel, manchmal stundenlang. Jetzt, am Ufer des Sumida, erschien ihm diese Tätigkeit zutiefst sinnlos. »Das kann es doch nicht sein! Mein Leben ist für so etwas zu kostbar.«
Genau in dem Augenblick, als Herr Nakamura das dachte, sprang nicht weit von ihm entfernt ein großer Karpfen aus dem Wasser. So einen großen hatte er noch nie gesehen. Der Karpfen schillerte silbern im Licht der Nachmittagssonne. Herr Nakamura wusste, dass Karpfen in Japan seit alters her als Glückssymbole gelten. »Also wenn das kein gutes Zeichen ist!«, dachte er und vergaß für eine Sekunde, dass er eigentlich nicht an Zeichen glaubte.

Wenn wir wie Herr Nakamura unsere Alltagsmuster betrachten, sollten wir einige Fragen im Blick haben: »Was ist das rechte Maß für mich? Welche meiner Denk- und Handlungsmuster, meiner Gewohnheiten tun mir gut? In welchen bin ich festgefahren? Welche schaden mir mehr, als dass sie mir helfen?« So wie die Scherben der Teeschale passen müssen, damit sie wieder zu einem Ganzen werden können, müssen auch unsere Muster, unsere Gewohnheiten zu uns passen. Nur mit Gewohnheiten, die uns entsprechen, können wir wachsen und gedeihen.

# FÜR IHREN ALLTAG

## Check Ihrer Gewohnheiten

Im ersten Schritt machen Sie sich Ihre Muster bewusst. Teilen Sie dafür ein Blatt Papier durch einen senkrechten Strich in zwei Spalten auf. Die linke ist für die Alltagsmuster, die unter der Woche Ihr Leben bestimmen. Die rechte ist für die des Wochenendes.
Stellen Sie sich nun den Ablauf eines gewöhnlichen Wochentags vor. Schauen Sie sich wie in einem Film dabei zu, wie Sie durch Ihren Tag gehen. Schreiben Sie in die linke Spalte alle Muster, die Sie bemerken: Zähneputzen, mit dem Hund Gassi gehen, zur Arbeit fahren, berufliche Tätigkeit, Fernsehgucken, Yoga, Sport …
Je kleinteiliger Sie Ihre Muster erfassen, umso besser. Notieren Sie auch die Dauer. Machen Sie dann dasselbe für Ihr Wochenende in der rechten Spalte.
Fertig? Gut, dann schauen Sie auf das Blatt. Wenn man die Alltagsmuster so vor sich sieht, kann man seinen

Alltag – und damit sein Leben – mit völlig neuen Augen sehen. Und genau das machen wir jetzt im zweiten Schritt. Wir nehmen uns ein wenig Zeit und reflektieren über die Muster, die uns ausmachen:
Betrachten Sie Ihre persönlichen Alltagsmuster: Aus diesen kleinen Routinen, Gewohnheiten und Ritualen besteht Ihr Leben. Sie sind unscheinbar, nehmen vielleicht täglich nur ein paar Minuten in Anspruch, summieren sich aber durch die ständige Wiederholung und prägen Sie und Ihr Leben in einem hohen Maß.
Was für Muster herrschen bei Ihnen vor? Wie ist die zeitliche Gewichtung zwischen Arbeit und Freizeit? Was empfinden Sie, wenn Sie Ihre Muster betrachten? Gehen Sie hierfür alle Punkte durch und achten Sie auf die Gefühle, die sie in Ihnen hervorrufen. Manche Gewohnheiten machen uns Spaß, bereichern unser Leben mit Freude und Glück. Andere sind uns lästig, wir empfinden sie als stressig oder sorgenvoll.
Gibt es bei Ihnen Muster, von denen Sie wissen, dass sie Ihnen guttun und Ihrem Dasein Sinn und Schönheit verleihen? Welche sind das? Und gibt es Muster, die Ihnen nicht guttun, in einem Widerspruch zu Ihnen stehen und Ihr Dasein beschweren? Und wenn Sie frei entscheiden könnten: Welche Muster Ihres Alltags wollen Sie minimieren? Und welche würden Sie gern ausdehnen, verstärken, öfter machen?

# Die Scherben kleben

## Wie wir uns allmählich auf stimmige Weise neu zusammensetzen

Meister Musashi begann mit dem Kleben. Dafür trug er an den Bruchkanten zweier zusammenpassender Scherben mit einem Spatel Urushi auf und drückte sie fest aneinander. Nach einigen Minuten war der Lack so weit angetrocknet, dass der Meister an dieses Stück eine weitere Scherbe kleben konnte. Mit einem sanften Lächeln im Gesicht sah er zu, wie die Teeschale Form annahm.

Meister Musashi mochte es zu kleben. Obwohl er es schon unzählige Male gemacht hatte, wurde er nie müde, mit Urushi Scherbe an Scherbe zu kleben. Der Kintsugi-Meister war sich bewusst, dass das Kleben ein bedeutender Schritt des Kintsugi war. Dabei erhielt die Teeschale wieder ihre alte Form. Während Meister Musashi Urushi auftrug, dachte er, dass Kleben durchaus ein ganz klein wenig wie Zauberei ist: »Es ist, als würde man den Scherben Leben einhauchen. Scherbe für Scherbe. Kleben ist ein wirklicher Schöpfungsprozess. Man gibt etwas Form, das vorher keine hatte. Aus

vielen verstreuten Teilen fügt sich ein Ganzes und am Ende – tatata! – steht die heile Teeschale auf dem Tisch.«
Meister Musashi mochte das Kleben so sehr, weil es ein sehr befriedigendes Gefühl war zuzuschauen, wie aus lauter kleinen Einzelteilen nach und nach ein geordnetes Ganzes entstand. Oftmals lächelte er während des Klebens, ohne sich dessen bewusst zu sein.
Meister Musashi wusste, dass das Kleben ein geradezu archetypisches Bild für Heilung war: Etwas Zerstörtes wurde wieder ganz. Vermutlich empfand der alte Kintsugi-Meister auch deshalb Freude beim Zusammenkleben der Scherben. Es war die Freude darüber, dass etwas geheilt wird.
Diese Freude sollten wir nicht vergessen, wenn wir uns daran machen, uns selbst – metaphorisch – neu zusammenzukleben. Wenn wir uns also eine neue Form geben, indem wir die Muster unseres Lebens verändern. Sie sollen zu uns passen, uns guttun. Indem wir unsere Gewohnheiten in eine Form bringen, die uns wirklich entspricht, »kleben« wir uns wie die Teeschale in einer heilen Form zusammen.
Stimmige Gewohnheiten sind deshalb wichtig, weil sie einen Großteil unseres Lebens ausmachen. Frau Yamashita bringt beispielsweise jeden Abend ihre Kinder zu Bett und liest ihnen eine Geschichte vor. Das dauert ungefähr zwanzig Minuten. In der Woche verbringt sie damit also hundertvierzig Minuten, im Monat knapp zehn Stunden und im Jahr etwa hundertzwanzig Stunden. Also ganze fünf Tage – keine kurze Zeit, weder für Frau Yamashita noch für ihre Kinder. An-

genommen, das Zubettbringen gestaltet sich jedes Mal aufs Neue in einer unschönen Weise – die Kinder quengeln, Frau Yamashita ist genervt –, dann ist es an der Zeit, an dem gemeinsamen Ritual etwas zu ändern. Denn fünf Tage im Jahr mit etwas zu verbringen, das niemandem Freude macht, ist definitiv keine gute Idee.
Auch Herr Nakamura machte sich Gedanken darüber, welche seiner Gewohnheiten er vielleicht ändern sollte.

### *Herr Nakamura und das Pachinko*

Gerade war Herr Nakamura von einem seiner Spaziergänge nach Hause gekommen. Es war ein wenig kühl geworden. Um sich aufzuwärmen, saß er nun am Tisch und trank eine dampfende Tasse grünen Tee. Dabei dachte er über seine Gewohnheit des Pachinko-Spielens nach. »Wie bin ich eigentlich dazu gekommen?«, fragte er sich.
Er wusste, dass sich die Pachinko-Spielhallen großer Beliebtheit erfreuen. Millionen von Japanern sitzen regelmäßig vor dem Automaten. Kleine Kugeln werden dabei durch ein Labyrinth geschossen und fallen unten in verschiedene Öffnungen. Meistens sind es Nieten, doch manchmal gewinnt man auch etwas: neue Kugeln, mit denen man weiterspielen kann. Am Ende kann man sich seine Kugeln an der Kasse in kleine Feingoldbarren umtauschen lassen.
Das kam bei Herrn Nakamura allerdings selten vor. Es ging ihm nicht um den Gewinn. Oder vielleicht doch? Er war sich nicht sicher. Sicher war allerdings: Das Pachinko-Spielen tat

ihm nicht gut. »Vor dem blinkenden Automaten zu sitzen und dabei wie ein Roboter immer wieder an einem Hebel zu ziehen ist so eine dumpfe Angelegenheit. Und dafür bezahle ich auch noch Geld!«, dachte er. In den Hallen war es heiß, eng und laut. Die Menschen saßen darin wie Hühner in der Legebatterie und starrten stumpf auf die Automaten. Alles daran mochte Herr Nakamura eigentlich nicht – und dennoch war er in letzter Zeit ziemlich häufig spielen gegangen. »Wieso bloß?«, fragte er sich.
Dabei fiel ihm auf, dass er immer dann zum Spielen gegangen war, wenn er viel Stress auf der Arbeit gehabt hatte. An besonders stressigen Tagen war der Drang, am Abend noch in die Pachinko-Halle zu gehen, fast unwiderstehlich. Dann tat es so gut, einfach nur vor dem Automaten zu sitzen und an dem Hebel zu ziehen. »Hm, es ist eine Art, den Arbeitsstress zu vergessen«, erkannte Herr Nakamura. »Aber eine wirklich blöde. Ich bin mir sicher, dass ich auch anders abschalten kann. Es ist so schön, am Sumida zu spazieren, durch die Wiesen immer am Wasser entlang. Wieso mache ich nicht lieber das?«

Unsere Gewohnheiten können wir in dreifacher Hinsicht verändern: Gute Gewohnheiten können wir stärken, schlechte ablegen und die in der Mitte können wir anpassen, sodass sie uns noch mehr entsprechen. Es geht dabei nicht um Selbstoptimierung. Denn das würde bedeuten, sich selbst schneller, besser, schöner, gesünder machen zu wollen, um das eigene Leben effizienter zu gestalten. Sich selbst zu optimieren ist eine Vorstellung, bei der der marktwirtschaftliche Maßstab der Effizienz, der Leistung und des Profits auf die eigene Person angewandt wird. In der heutigen Leistungsgesellschaft werden wir mit dieser Forderung geradezu bombardiert. Doch damit wird ein Druck hergestellt, gewissen Maßstäben zu genügen, sei es in Hinsicht auf Schönheit, Intelligenz, Reichtum oder die Anzahl der Follower und Likes in den sozialen Medien. Je mehr, desto besser! Doch wenn man diesen Maßstäben blind hinterherrennt, wird man ganz sicher nicht glücklich.

Wenn wir an unseren Gewohnheiten feilen, geht es nicht um Effizienz, sondern darum, uns ein glückliches Leben einzurichten. Sie haben bereits untersucht, aus welchen Mustern sich Ihr Alltag zusammensetzt: kleine Rituale, Routinen und Gewohnheiten, die sich Tag für Tag wiederholen. Wie ein Puzzle setzen sie sich zusammen und prägen Sie und Ihr Leben wesentlich. Denn Sie sind nicht nur das, was Sie denken und fühlen, sondern auch das, was Sie tun. Ihre Identität bestimmt sich also zu einem guten Teil ganz praktisch durch Ihr Handeln.

Der »Check Ihrer Gewohnheiten« half Ihnen festzustellen, welche Muster Ihnen guttun und welche nicht. Welche Ihr Leben bereichern und mit Freude füllen und welche Ihnen eher zur Last fallen und Ihnen schaden. Nun ist es an der Zeit, sich mit diesen ungünstigen Mustern auseinanderzusetzen, jenen, die Ihnen nicht guttun.

Wenn wir wissen, dass uns eine Gewohnheit im Kern nicht guttut, sondern uns Lebensfreude und -energie abzapft, dann sollten wir sie ablegen. Klingt logisch, oder? Vermutlich wissen Sie aber schon, wie schwierig das ist. Denken Sie nur an die Neujahrsvorsätze, die mit großem Elan gefasst werden und dann bald im Sande verlaufen. Der Mensch ist eben ein Gewohnheitstier. Deswegen sind wiederkehrende Handlungsmuster in unserer Existenz auch von so großer Bedeutung. Und deswegen macht es auch so viel Sinn, seine Muster in eine förderliche Form zu bringen.

Um eine Gewohnheit abzulegen, die uns nicht guttut, gibt es wirksame Methoden: Es hilft zunächst zu wissen, dass jede Gewohnheit einen Grund hat. Denn für jede Handlung haben wir eine Motivation, ob sie uns bewusst ist oder nicht. Das bedeutet, dass uns auch »schlechte« Gewohnheiten in irgendeiner Form einen Nutzen bringen. Viele nutzen beispielsweise das Naschen von Süßigkeiten als Möglichkeit, Stress kurzzeitig zu lindern. In dieser Form ist Naschen also eine Stressbewältigungsstrategie, die auf dem schnellen Anheben des Blutzuckerspiegels beruht.

Wenn wir aber wissen, dass wir nicht einfach nur aus Hunger oder Willensschwäche naschen, sondern vermehrt in Stresssituationen zu Süßigkeiten greifen, dann können wir auch etwas dagegen machen. Die Motivation ist der Schlüssel, um effizient seine Gewohnheiten zu ändern.

# FÜR IHREN ALLTAG

## Schlechte Gewohnheiten ablegen

Fragen Sie bei Ihren ungünstigen Gewohnheiten nach der Motivation, die dahintersteckt. Dabei kann es auch hilfreich sein, sich zu fragen, wann und in welchem Kontext man eine Tätigkeit zum ersten Mal gemacht hat und wie sie zur Gewohnheit werden konnte.
Wenn Sie die Motivation herausgefunden haben, dann überlegen Sie sich, ob es alternative Methoden gibt, mit denen Sie denselben oder einen ähnlichen Nutzen erzielen können. Um beim Beispiel des Stressnaschens zu bleiben: Stress lässt sich auch durch andere Techniken beikommen. Etwa durch mehr Achtsamkeit, Atemübungen, Spazierengehen, Meditation oder Sport.
Wählen Sie eine Alternative, die zu Ihnen passt. Versuchen Sie, die neue Methode konsequent zu benutzen. Auf diese Weise wird sie zu einer neuen Gewohnheit werden, einem heilsamen Puzzlestück in Ihrem Leben.

# Fehlendes ergänzen

## Wie wir Freundschaft mit dem inneren Kind schließen

Herrn Takeshis Teeschale war nicht mehr komplett, eine kleine Scherbe fehlte. Doch für den Kintsugi-Meister war das kein Problem. Er bildete das fehlende Teil einfach mit einem Gemisch aus Urushi und Tonpulver nach. Erst kam eine Grundschicht, nach dem Antrocknen folgten die nächsten Schichten. Ein letzter Handgriff, die Teeschale war wieder ganz und Meister Musashi sehr zufrieden.

Schon oft waren verzweifelte Menschen zu Meister Musashi gekommen, mit zerbrochenen Gefäßen, bei denen Scherben fehlten. Er hatte sie beruhigt und ihnen Mut gemacht. »Für Kintsugi ist das kein Problem«, hatte er gesagt und die verlorenen Teile einfach ergänzt. Wann immer er fehlende Scherben nachbildete, staunte Meister Musashi über die großen Möglichkeiten, Dinge mit Kintsugi zu reparieren. »Sie sind fast grenzenlos«, dachte er.
Insgeheim begrüßte Meister Musashi es sogar, wenn Scherben fehlten. Denn er wusste, dass die Reparaturkunst so

noch stärker zur Geltung kam. Schließlich wurden die mit Urushi nachgebildeten fehlenden Teile am Ende wie die Bruchlinien vergoldet und trugen so zur neuen Schönheit des reparierten Stücks bei.
In diesem Schritt von Kintsugi geht es darum, fehlende Teile zu ergänzen. Übertragen wir dieses Bild auf uns, können wir uns fragen: »Bin ich eigentlich komplett? Oder habe ich im Lauf meines Lebens etwas verloren? Etwas, das früher ganz natürlich zu mir gehörte und das ich jetzt wieder in mein Leben integrieren sollte?«
Wenn es um diese Fragen geht, taucht oftmals der Begriff des »inneren Kindes« auf. Damit werden alle Prägungen bezeichnet, die wir in der Kindheit erfahren haben. Das können positive sein wie die Erfahrung von Liebe, Freude, Begeisterung, Vertrauen oder negative wie Ängste, Sorgen, Ablehnung und Nöte. Bewusst erinnern wir uns nur selten an die ganz frühen prägenden Erlebnisse. Sie sind jedoch im Unbewussten aufbewahrt, von wo aus sie unser Denken, Fühlen und Verhalten beeinflussen.
Insbesondere die negativen Prägungen aus unserer Kindheit stellen im Alltag häufig ein Problem dar. Sie führen zu emotionalen Überreaktionen, die dem Anlass nicht angemessen sind. Hierzu ein Beispiel: Frau Asanos Ehemann sagt ihr, dass er um neunzehn Uhr nach Hause kommen wird. Er schafft es aber nicht pünktlich, sondern verspätet sich um zwanzig Minuten. Eigentlich kein Weltuntergang. Für Frau Asano aber schon. Denn diese kleine Verzögerung reicht be-

reits aus, um bei ihr starke Gefühle auszulösen: Sie fühlt sich verlassen, wertlos und ist wütend auf ihren Partner. Dabei kann sie sich nicht recht erklären, wieso sie so emotional aufgewühlt ist. Denn rational versteht sie schon, dass die kleine Verspätung kein Grund für ein derartiges Gefühlstohuwabohu sein sollte.
Der Grund für das Gefühlschaos liegt in Frau Asanos innerem Kind. Es nimmt die Unpünktlichkeit des Partners als ein Verlassenwerden wahr und knüpft damit an den Schmerz an, den Frau Asano in ihrer Kindheit erfahren hat, als der Vater die Familie verließ.

*Die negativen kindlichen Prägungen sind wie dauerhafte Wunden. Durch kleine Auslöser können sie reaktiviert werden, wodurch auch die negativen Gefühle und der erfahrene Schmerz wieder ans Tageslicht kommen.*

Es ist schwierig bis unmöglich, die in der Kindheit erfahrenen negativen Prägungen ganz abzulegen. Wir können aber die alten Wunden zu einem guten Teil ausheilen lassen. Dann sind wir emotional stabiler, haben einen größeren Selbstwert, mehr Vertrauen in uns und die Welt, sind kreativer und gehen mit mehr Leichtigkeit und Freude durchs Leben. Wie das geht? Durch einen neuen, liebevollen Umgang mit unserem inneren Kind. Wir schließen Freundschaft mit ihm und kümmern uns aktiv um seine Bedürfnisse. Das Ergänzen von fehlenden Scherben in diesem Schritt von Kintsugi wird zu einem Erfüllen der Bedürfnisse unseres inneren Kindes. So heilen wir uns auf tiefgehende Weise. Die Bedürfnisse unseres inneren Kindes können vielfältig sein. Es geht darum, dass wir ihm als Erwachsene im Hier und Heute das geben, was es in der Kindheit nicht ausreichend bekam: Liebe, Lob, Aufmerksamkeit, Vertrauen oder Sicherheit. Es geht auch darum, Dinge bewusst nachzuholen, die wir als Kind gern gemacht hätten, aber nicht machen konnten oder durften. Bauen wir auf diese Weise nach und nach eine liebevolle Beziehung zu unserem inneren Kind auf, passiert etwas Wundervolles: Unsere Sicht auf uns selbst und die Welt ändert sich radikal. Auch Herr Nakamura machte gerade diese wertvolle Erfahrung.

## *Herr Nakamura fand eine Muschel*

Es war Samstag. Herr Nakamura war wieder gesund. Am Montag würde er wieder zur Arbeit gehen. Als er an diesem Morgen aufwachte, dachte er sich: »An diesem Wochenende sollte ich irgendetwas unternehmen, um die Rückkehr in mein normales Leben zu feiern. Ich könnte ja einen Ausflug machen!« Dieser Gedanke beflügelte ihn. Herr Nakamura war schon länger nicht mehr aus Tokio herausgekommen. Er lag noch im Bett und überlegte hin und her, wohin die Reise gehen könnte. Da schoss es ihm plötzlich durch den Kopf: »Ans Meer! Ich fahre nach Enoshima!« Enoshima ist eine kleine Halbinsel in der Präfektur Kanagawa, etwa zwei

Stunden mit dem Zug von Tokio entfernt. Die Strände von Enoshima sind für ihre Schönheit berühmt. Als Kind hatte er manchmal mit seinen Eltern und seiner Schwester zusammen Ausflüge dorthin gemacht. »Ob es dort wohl noch wie früher ist?«, dachte Herr Nakamura.

Als er am Strand stand, stellte er fest, dass sich Enoshima nur wenig verändert hatte. Es waren mehr Touristen da, doch der Strand war noch genauso schön, die Wellen rauschten kraftvoll und die Luft roch wunderbar salzig. Herr Nakamura zog seine Schuhe aus. Er spürte, wie seine Zehen in den Sand sanken, und verspürte plötzlich große Lust, das zu tun, was er als Kind hier immer gemacht hatte: auf Entdeckungstour gehen.

Er krempelte seine Hosenbeine hoch und watete ins Wasser. Es war Ebbe, schwarze Felsen waren aus dem Wasser gekommen. Wie früher als Kind suchte Herr Nakamura an ihrem Fuß nach großen Muscheln. Er hatte Glück und fand eine wunderschöne, prächtig schillernde Muschel. Er ging mit ihr zurück an den Strand und setzte sich in den Sand. Staunend wie ein Kind betrachtete er seinen Fund. Seine Freude schien grenzenlos.

Herr Nakamura lag bald dösend im Sand und schaute den Wellen zu, er baute eine kleine Sandburg, die die Flut schließlich wegspülte. Später am Tag stieg er die vielen Treppen zum Schrein von Enoshima hinauf, um den Göttern für seine Genesung zu danken. Im Zug auf der Heimfahrt dachte er: »Was für ein wundervoller Tag! So glücklich habe ich mich schon lange nicht mehr gefühlt. Ich sollte öfter Kind sein.« Dabei hielt er sich die Muschel ans Ohr und konnte das Meer in ihr rauschen hören.

Wer wie Herr Nakamura den Bedürfnissen seines inneren Kindes Aufmerksamkeit schenkt und mit ihm Freundschaft schließt, erfährt ein völlig neues Lebensgefühl. Das angenommene Kind ermöglicht es, mit einem neuen Blick durchs Leben zu gehen. Einem Blick, der in die Welt und das eigene Wesen Vertrauen hat. So wird es zu einer wichtigen Quelle von Lebensfreude und Glück.
In der pragmatischen und durchrationalisierten Welt von heute ist für Kindliches wie Entdeckungsdrang und Neugierde, Faszination und Begeisterung oder zweckloses Spielen und Träumen wenig Platz. Selbst wenn wir erwachsen sind, hat das Kind in uns aber solche Bedürfnisse. Es verkümmert und fühlt sich zu Recht vernachlässigt, wenn wir nicht bewusst auf diese Dinge achten.
Jeder Mensch ist einzigartig – das schließt auch sein inneres Kind ein. Es hat bestimmte Wünsche und Bedürfnisse, die sich von Person zu Person unterscheiden und völlig unterschiedlich sein können. Geben wir also unserem inneren Kind das, was es braucht.

## FÜR IHREN ALLTAG

### Den Bedürfnissen des inneren Kindes Aufmerksamkeit schenken

Um die Bedürfnisse Ihres inneren Kindes herauszufinden, können Sie sich fragen: Haben Sie als Kind etwas gern gemacht, was Sie heute gar nicht mehr tun, weil Sie sich dafür zu erwachsen und vernünftig fühlen? Haben Sie vielleicht aufgehört, die Welt offen mit allen Sinnen zu erfahren? Die Natur ist voller Wunder und lädt dazu ein, mit unseren Sinnen spielerisch erfahren zu werden. Wann sind Sie beispielsweise das letzte Mal bewusst mit den Händen die Rinde eines Baumes entlanggefahren und haben seine knorrige Rauheit gespürt? Wann haben Sie auf einer Decke in einer Blumenwiese gesessen und die Augen geschlossen, um nur den Duft zu riechen? Haben Sie als Kind gern im Matsch gespielt oder sind im Regen mit Wonne in Pfützen gesprungen?

Versuchen Sie das nächste Mal, wenn Sie in der Natur sind, mit den Augen, Ohren und der Nase eines Kindes Ihre Umgebung zu erfahren. Entdecken Sie die Welt mit Ihren Sinnen und versuchen Sie das kindliche Staunen, die Faszination und Freude über die Welt in Ihnen zu erwecken.

Spielen Sie wieder! Zu spielen ist unmittelbarer Ausdruck kindlicher Freude. Es dient keinem Zweck außer sich selbst und ist damit wunderbar geeignet, ein Gegengewicht für das zielorientierte, praxisbetonte Erwachsenendasein zu bilden. Erinnern Sie sich, was Sie als Kind gern gespielt haben? Wie wäre es, wenn Sie mal wieder ein Spiel aus Ihrer Kindheit hervorholen? Fügen Sie ein Puzzle zusammen, bauen Sie eine Sandburg oder spielen Sie ein Springspiel mit Kreide und einem geworfenen Stein. So kindisch Ihrem Erwachsenen-Ich das auch vorkommen mag – Sie werden sehen: Das Kind in Ihnen ist voller Freude dabei!

Trauen Sie sich, ein wenig verrückt zu sein. Kinder sind Meister darin, mit Begeisterung scheinbar irrationale, unvernünftige Dinge zu tun. Mit ihrer Vorstellungskraft imaginieren sie wundervolle, fantastische Welten. Lassen Sie sich davon inspirieren. Werfen Sie von Zeit zu Zeit Ihre Vernunft guten Gewissens über Bord und starten Sie eine verrückte Aktion! Es muss Sie ja nicht unbedingt jemand dabei sehen.

DER DRITTE SCHRITT

# RUHEN

Alles auf dieser Welt hat seine Zeit: Es gibt eine Zeit, um aktiv und tatkräftig zu sein, und eine Zeit der Stille und des Ruhens. Die Scherben sind geklebt, daher ist jetzt Ruhen angesagt. Denn der Urushi-Lack braucht Zeit, um zu trocknen und auszuhärten. Dieser Schritt von Kintsugi zeigt uns, wie wichtig es ist, sich – nicht nur in Krisen – Auszeiten zu nehmen, durchzuatmen und still zu werden.

3

# Die Teeschale ruhen lassen

## Wie wir uns eine Atempause gönnen

Meister Musashi hatte die mit Urushi zusammengeklebte Teeschale eingeschnürt und stellte sie nun zum Trocknen und Aushärten in die Trockenkammer. Dort musste sie bei konstanter Temperatur für längere Zeit ruhen.

Meister Musashi wusste: Der dritte Schritt von Kintsugi war der Schritt der Ruhe. Jetzt war Geduld gefordert. Zum Glück hatte der alte Kintsugi-Meister davon mehr als genug. Ihm war bewusst, dass seine ganze bisherige Mühe umsonst gewesen wäre, wenn er die Schale vorzeitig aus der Trockenkammer nehmen würde. Der Urushi wäre noch nicht hart, die Teeschale würde sich schnell wieder in ihre Einzelteile auflösen. Er musste warten und die Schale im Trocken- und Aushärtungsprozess sich selbst überlassen.
Der Meister verglich das oft mit einem Samen, den man gesetzt hat: Am Anfang macht man alles, damit er austreiben kann. Die Erde wird vorbereitet, gewässert und der Samen in der richtigen Tiefe eingesetzt. Alle Konditionen stimmen.

Jetzt muss man warten, dass er austreibt. Denn das kann nur der Samen selbst machen. Es hilft nicht, wenn man an der Stelle, wo der Samen sitzt, voller Ungeduld mit dem Finger scharrt oder am Sämling zieht, sobald er seinen Kopf aus der Erde steckt. Das alles würde nur schaden.

Auch zu heilen und zu sich selbst zu finden braucht Zeit. Die trocknende Teeschale führt uns vor Augen, wie wichtig es ist, sich diese Zeit auch wirklich zu nehmen. Wir kommen zur Ruhe, finden die Stille in uns und unterstützen unser Wachstum, indem wir eben gerade nichts tun.

Der moderne Alltag ist von Stress und Zeitnot geprägt. Nur allzu schnell bekommt man das Gefühl, dass man dem eigenen Leben hinterherrennt und das eigentlich Wichtige verpasst. Doch damit ist nun Schluss. Denn jetzt geht es darum, wie die Teeschale beim Trocknen eine Auszeit zu nehmen. Eine Auszeit nur für uns selbst. Wann haben Sie sich das letzte Mal bewusst Zeit für sich genommen? Sie können sich nicht daran erinnern, weil es schon so lange zurückliegt? Willkommen im Club! Sie sind nicht allein.

Das 21. Jahrhundert hat jeden Lebensbereich enorm beschleunigt. Grund genug also, um bewusst aufs Bremspedal zu drücken und die Tachonadel des Lebens zurück in den grünen Bereich zu holen. Es geht dabei vor allem um Balance. Denn an sich ist es nicht verkehrt, sich beispielsweise im Beruf voll einzubringen und dabei auch mal bis an die geistigen, physischen oder zeitlichen Grenzen zu gehen. Es ist nur dann schlecht, wenn man nicht auf die Balance achtet und vergisst, dass man auch wieder Zeit für sich braucht, um abzuschalten und Kraft zu schöpfen. Wer diese Balance nicht im Blick hat, läuft Gefahr, sich selbst auszubeuten. Dann verschleudert er seine Ressourcen leichtfertig und verausgabt sich übermäßig. Er verbraucht mehr Energie, als er nachtanken kann.

Auch Herr Nakamura machte gerade die Erfahrung, wie gefährlich es sein kann, seine Balance im Leben zu verlieren.

### *Herr Nakamura im Stress*

Seit zwei Monaten arbeitete Herr Nakamura wieder in seinem Verlag als Lektor. Der Wiedereinstieg in den Berufsalltag verlief problemlos. Besonders freute ihn, wie herzlich ihn seine Kollegen nach der langen Krankheitspause willkommen geheißen hatten. »Schön, wieder hier zu sein«, hatte Herr Nakamura gedacht und sich mit Elan in die Arbeit gestürzt. Er hatte sie wirklich vermisst. Endlich wieder spannende Bücher machen!

Herr Nakamura schonte sich nicht. Was seine Arbeitsmoral anging, war er typisch japanisch. Er gab 100 Prozent für seinen Job – und mehr. Von früh bis spät arbeitete er fast ohne Pause und machte wie in Japan üblich jeden Tag unbezahlte Überstunden. Wenn er spätabends nach Hause kam, war sein Tag jedoch noch nicht beendet. Oft schlang er das Abendessen hastig hinunter, während er nebenbei Manuskripte las, die er im Büro nicht geschafft hatte. Wenn er nachts endlich die Augen schloss, war er todmüde.

Die enorme Belastung und der Stress machten sich bald bemerkbar. Die gute Laune, mit der Herr Nakamura zu arbeiten angefangen hatte, verflog. Stattdessen fühlte er sich gereizt und erschöpft. Dazu kamen Kopfschmerzen, die sich an besonders stressigen Tagen zu Migräneanfällen steigerten. Trotzdem nahm er sich nicht zurück.

Dann passierte es. Herr Nakamura war wie üblich morgens mit dem Fahrrad zur Arbeit unterwegs. An genau derselben Kreuzung, zu fast genau derselben Uhrzeit geschah fast genau dasselbe wie beim letzten Mal. Doch eben nur fast, denn diesmal gelang es Herrn Nakamura in allerletzter Sekunde, den Lenker herumzureißen und dem Auto, mit dem er fast zusammengestoßen wäre, auszuweichen.

Was für ein Schreck! Zitternd stand er auf dem Bürgersteig. Statt auf den Verkehr zu achten, hatte er an die Präsentation gedacht, die er heute halten musste. Außerdem war er völlig übermüdet und erschöpft. Die letzten Wochen im Büro waren äußerst stressig gewesen, er hatte das Letzte aus sich herausgeholt. Auch gestern hatte er bis spät in die Nacht an der Präsentation gefeilt.

Herr Nakamura erkannte, dass sein hohes Arbeitspensum mit dem Beinaheunfall zusammenhing. »Das kann so nicht weitergehen«, dachte er. »Ab heute nehme ich mir Zeit für mich. Sonst kann ich mich ja gleich vom Gipfel des Fuji stürzen!« Er sah, wie ernst die Sache war. Und zum ersten Mal in seinem Leben fing Herr Nakamura tatsächlich an, auf sich selbst zu achten.

Nur durch Auszeiten für uns selbst können wir wieder in unsere Kraft kommen, still werden und unsere Batterien für die nächste Runde aufladen. Nur so können wir sicher durch den Alltag navigieren. Ob mit oder ohne Fahrrad.
Wer auf seine Bedürfnisse achtet, sich selbst und sein Wohlbefinden respektiert, geht mit einem Selbstbild durchs Leben, das geprägt ist von eigener Wertschätzung, Achtung und liebevollem Mitgefühl.

*Wer sich Zeit für sich selbst nimmt, der ist sie sich selbst wert: eine praktische Form der Selbstliebe, die einfach und zugleich sehr kraftvoll ist.*

Wie viel Zeit braucht man für sich selbst? In welcher Form nimmt man sie sich am besten? Und was macht man mit der Zeit, wenn man sie sich eingeräumt hat?
Wie viel Zeit man für sich selbst braucht, ist von Mensch zu Mensch unterschiedlich. Generell kann man sagen, dass introvertierte Menschen mehr Zeit für sich benötigen als andere. Sie brauchen die Auszeiten zum Beispiel dringend, um all die Eindrücke des Alltags zu sortieren. Ansonsten spielen situative Faktoren wie die aktuellen Lebensumstände eine große Rolle: das Arbeitsaufkommen, die familiäre Situation und auch die momentane Lebenszufriedenheit.

# FÜR IHREN ALLTAG

## Zeit für Sie selbst

Um sich zeitlichen Freiraum zu schaffen, sollten Sie sich einige Fragen beantworten: Wie stark bin ich beruflich eingespannt? Wie viel Zeit und Energie investiere ich in meinen Job? Wie viel in meine Freizeit? Wie hoch ist der Stresspegel in meinem Leben? Wie steht es um meine Energieressourcen? Fühle ich mich energievoll und frisch oder ausgelaugt und kraftlos?

Hören Sie in sich hinein und vertrauen Sie auf Ihre Intuition und Ihr Gespür für sich selbst. So finden Sie heraus: Wie viel freie Zeit brauchen Sie und wie können Sie sie erlangen?

Für eine wirkungsvolle Auszeit ist kein einjähriges Sabbatical und kein mehrwöchiger Urlaub nötig. Wenn es um Auszeiten für uns selbst geht, gilt: lieber öfter kürzere Auszeiten nehmen als selten längere. Das untermauert auch die Wissenschaft.

Deswegen: Versuchen Sie, kleine Auszeiten regelmäßig in Ihren Alltag einzubauen. Werden Sie dabei kreativ! Die Zeit, in der man sich einen Tee zubereitet, genügt beispielsweise, um sich zu sammeln und ein paar Mal tief durchzuatmen.
Bewegung aktiviert Körper und Geist. Gerade wer viel im Sitzen arbeitet, kann bereits durch kurze Gänge, beispielsweise zum Kopierer auf dem Flur, kleine Auszeiten in seinen Berufsalltag integrieren.
Was den Urlaub angeht: Es ist wissenschaftlich bewiesen, dass die erste Urlaubswoche die wirkungsvollste ist. Hier regeneriert man am stärksten und empfindet die Arbeitsentlastung am intensivsten. Statt vier Wochen am Stück sind also vier einzelne Wochen, die gut im Jahr verteilt sind, als Auszeit effektiver.
Füllen Sie Ihre Auszeiten mit Tätigkeiten, die Ihnen Freude machen, Sie mit Sinn erfüllen und aus denen Sie Kraft schöpfen. Das kann wirklich alles sein: auf der Couch die Beine hochlegen, ein gutes Buch lesen, im Garten arbeiten, meditieren, sich mit Freunden treffen, wandern gehen oder ins Museum ... Sie kennen sich selbst am besten und wissen, welche Bedürfnisse Sie haben und was Ihnen guttut. Handeln Sie danach.

# Den Lack atmen lassen

## Wie wir die tiefste Kraft entdecken

In der Trockenkammer musste der Urushi-Lack »atmen« können. Dafür waren eine konstant hohe Luftfeuchtigkeit und eine gleichbleibende Temperatur notwendig. Meister Musashi wusste, dass der Lack nur so vollkommen aushärten kann, während die darin enthaltenen giftigen Öle für den späteren Benutzer der Schale ungefährlich werden.

»Wie sehr doch die trocknende Teeschale dem Menschen gleicht«, dachte sich Meister Musashi, als er einen Blick in die Trockenkammer warf. Die Teeschale von Herrn Takeshi stand dort ganz in Ruhe. »Mensch und Schale, sie müssen atmen.« Der alte Mann nahm selbst erst einmal einen tiefen Atemzug. Er atmete geräuschvoll ein, wartete einen Augenblick und atmete dann ebenso geräuschvoll wieder aus.
In diesem Schritt von Kintsugi dreht sich alles um die Luft und um den Atem. Die trocknende Teeschale zeigt uns mit ihrem Bedürfnis, beim Ruhen zu atmen, wie wichtig das Atmen auch für uns ist. Atmen ist ein grundlegender Vorgang.

Nichts, was lebt, kann darauf verzichten: ohne Atem kein Leben. Als Mensch kann man monatelang ohne Nahrung überleben, ohne Wasser ein paar wenige Tage, doch ohne Sauerstoff nur ein paar Minuten.

Die Teeschale atmet beim Ruhen und wir kommen zur Ruhe beim Atmen. Bewusst zu atmen ist ein einfacher und wirkungsvoller Weg, um wirklich zu sich zu kommen und tiefgehend zu entspannen. Dazu muss man wissen, dass wir generell auf zwei verschiedene Arten atmen können: in den Brustraum und in den Bauch.

Im Alltag atmen wir meistens in die Brust. Diese Brustatmung ist flacher als die Bauchatmung und die Atemweise, die wir in Stresssituationen automatisch anwenden. Wenn wir uns beispielsweise in Gefahr befinden, dann startet sofort ein körperliches Programm, das sich in Millionen von Jahren menschlicher Evolution herausgebildet hat und unser Überleben sichern soll: Der Adrenalinpegel schießt blitzartig in die Höhe, der Herzschlag erhöht sich, Blut wird in die Muskeln gepumpt. So können wir optimal auf die Gefahr reagieren. Ein wichtiger Teil dieses Überlebensprogramms ist die Brustatmung: Der Atem geht schnell und flach, der Brustkorb hebt und senkt sich in rascher Abfolge. Das ist das Atmen in akuten Stresssituationen, das Atmen, wenn es um Leben und Tod geht.

Doch nicht nur in Extremsituationen atmen wir in dieser Art. Das Leben ist mittlerweile so schnell, hektisch und stressig geworden, dass wir auch im Alltag fast ausschließlich

die flache Brustatmung nutzen. Damit aber verschließen wir uns einen ganz einfachen Weg, um Stress und Spannung abzubauen: in den Bauch zu atmen.
Das ist wirklich bemerkenswert, denn wir alle kommen eigentlich als Meister der tiefen Bauchatmung auf die Welt: Als Babys atmen wir ganz automatisch in den Bauch. Leider verlernen wir diese hohe Kunst beim Älterwerden, bis wir sie als Erwachsene häufig überhaupt nicht mehr können. Dann müssen wir sie neu lernen. Diese Erfahrung machte auch gerade der gute Herr Nakamura.

### *Herr Nakamura atmete tiefer*

So aufgeregt war Herr Nakamura schon seit Langem nicht mehr gewesen. Er saß im Auto und fuhr eine enge Gebirgsstraße hinauf. Bald würde er am berühmten Zen-Kloster Hoko-ji ankommen. Dort hatte er eine Verabredung mit einem der größten lebenden Zen-Meister Japans, Meister Tosui. Der Meister hatte ein Buch geschrieben, das Herr Nakamuras Verlag im kommenden Herbst veröffentlichen würde, und Herr Nakamura hatte das große Glück, das Buch als Lektor zu betreuen.
Meister Tosui war ein kleiner, gemütlich wirkender älterer Mann mit einem warmen Lächeln und weise blinkenden Augen. Trotz seiner Berühmtheit war er lediglich in eine einfache Mönchsrobe gekleidet. »Herzlich willkommen«, sagte der Meister mit sanfter Stimme und bot dem Besucher grünen Tee mit Osembe, süßem Reisgebäck, an.

Gemeinsam besprachen sie das Buch. Meister Tosui beeindruckte dabei mit seinem hellwachen Verstand. Völlig ruhig und klar beantwortete er jede von Herrn Nakamuras Fragen, oft von einem heiter glucksenden Lachen begleitet. Im Anschluss bot der Meister ihm einen Rundgang durch das Kloster an.

Das Gespräch wurde nun persönlicher. Herr Nakamura erzählte dem Meister von seinem Unfall, seinem beruflichen Stress und seinem Vorsatz, sich mehr Zeit für sich zu nehmen. Er fragte: »Meister Tosui, vom ersten Augenblick unserer Begegnung an wirkten Sie völlig entspannt. Haben Sie vielleicht einen Tipp für mich, wie auch ich mehr Stille finden kann?« Meister Tosui antwortete: »Es gibt viele Methoden, die dabei helfen. Hier im Kloster meditieren wir mehrere Stunden am Tag, um uns zu sammeln und den Geist zu beruhigen. Für den Alltag empfehle ich aber: atmen.«

»Atmen?«, fragte Herr Nakamura.

»Ja, genau«, sagte Meister Tosui. »Langsam und bewusst in den Bauch atmen.« Er klopfte sich dabei auf seinen eigenen, nicht unbeträchtlichen Bauch. »Das machte schon Buddha so. Herr Nakamura, ist Ihnen aufgefallen, dass Buddha auf Abbildungen meist mit einem großen Bauch dargestellt wird? Das soll zeigen, dass er viel in den Bauch atmete. So war er jederzeit entspannt. Ich mache es Ihnen vor.«

Mit diesen Worten fing die kleine Gestalt des Meisters an, demonstrativ mit tiefen Zügen in den Bauch zu atmen. Herr Nakamura konnte sehen, wie sich sein Bauch unter der Robe auf und ab bewegte. Um nicht tatenlos zu sein, stieg er nach einer Weile mit ein. Gemeinsam standen sie so vor dem Zen-Garten und atmeten in den Bauch. »Das fühlt sich wirklich gut an«, dachte Herr Nakamura und spürte, wie er mit jedem Atemzug ruhiger wurde. Mit einer tiefen Verbeugung bedankte er sich bei Meister Tosui.

Die Bauchatmung hat viele Vorteile. Zum Beispiel ist sie tiefer als die Brustatmung und versorgt den Körper mit mehr Sauerstoff. Zugleich wirkt sie beruhigend und entspannend, denn sie signalisiert dem Körper, dass keine unmittelbare Gefahr droht. Das Beste an der Bauchatmung ist, dass sie sich gut anfühlt. Einfach richtig, richtig gut. Das kommt daher, dass das sanfte Heben und Senken der Bauchdecke wie eine Massage wirkt, die man sich selbst gibt. Man massiert damit die Bauchorgane, den Verdauungstrakt und das Sonnengeflecht. Man muss also nichts tun außer atmen, um sich wohlzufühlen.

Mit der Bauchatmung können wir selbst im größten Trubel und in schlimmer Hektik bei uns bleiben oder wieder zu uns selbst finden. Ein paar bewusste Atemzüge genügen schon. Der Atem ist unsere ganz persönliche Ruheoase. Sie ist jederzeit da und wartet nur darauf, dass wir sie besuchen.

Ein großer Vorteil des Atmens als Entspannungsmethode ist, dass wir nichts weiter dazu brauchen: keine Entspannungsmusik, keine komplizierten Meditationsmethoden, niemanden, der uns massiert. Wir brauchen nur uns selbst.

## FÜR IHREN ALLTAG

### Durch Bauchatmung zur Ruhe kommen

Entspannen Sie sich. Sie können den Körper beispielsweise leicht schütteln, um Anspannungen loszulassen. Je entspannter der Körper ist, umso leichter fällt die Bauchatmung.
Lenken Sie die Aufmerksamkeit nun auf Ihren Atem, indem Sie ihm gedanklich folgen. Nehmen Sie ihn dabei zunächst nur wahr, ohne ihn zu beeinflussen.
Legen Sie dann die Hände auf Ihren Bauch (etwa in die Höhe zwischen Nabel und Brustbein) und atmen Sie bewusst und langsam in ihn hinein. Beim Einatmen spüren Sie unter Ihren Händen, wie sich die Bauchdecke hebt, beim Ausatmen, wie sie sich senkt.
Versuchen Sie, immer tiefer und ruhiger in den Bauch zu atmen. Üben Sie dabei keinen Druck aus, die Bauchdecke sollte entspannt bleiben. Dies ist am besten zu

erreichen, wenn Sie den Atemimpuls, der von allein immer tiefer wird, bewusst spüren und ihm einfach nachgeben. Atmen Sie also nicht gewaltsam ein und aus, sondern lassen Sie den Atem frei fließen, ganz wie er möchte: Atmen Sie ein, wenn Sie den Impuls zum Einatmen spüren, und aus, wenn Sie den Impuls zum Ausatmen spüren.

Nach einer Weile wird sich Ihr Bauch entspannen und die Bewegung der Bauchdecke wird größer werden: Bewegten sich zunächst möglicherweise nur Teile des Bauches, beispielsweise der Oberbauch, hebt und senkt sich nun der gesamte Bauchbereich.

Fühlen Sie, wie schön sich das Atmen anfühlt. Genießen Sie die sanften Bewegungen der Bauchdecke, die wie eine Massage wirken. Körper und Geist entspannen sich tiefgehend.

Wenn Sie sich auf diese Weise mit der Bauchatmung vertraut machen, wird es Ihnen nach einer Weile leichtfallen, sie auch im Sitzen und im Stehen anzuwenden. Dann haben Sie jederzeit den ultimativen Schlüssel zur Entspannung parat. Nutzen Sie ihn!

# Die Teeschale loslassen

## Warum wir uns und das Leben ein wenig sich selbst überlassen sollten

Meister Musashi überließ die Teeschale während des Trocknens sich selbst. Dafür musste er sie loslassen. Dem Meister fiel das leicht. Er hatte Vertrauen in den Lauf der Dinge und wusste, dass man nichts erzwingen kann.

Meister Musashi hatte im Lauf seines Lebens so viel Zeit mit Kintsugi zugebracht, dass er in mancher Hinsicht weise geworden war. Obwohl Kintsugi an sich nur eine Reparaturmethode für kaputte Dinge ist, hatte er dadurch viel über das Menschsein gelernt. Zu seinen wertvollsten Erkenntnissen zählte, dass man im Leben oft einfach loslassen muss.
Dem Kintsugi-Meister wurde das immer bewusst, wenn ein Stück in der Trockenkammer ruhte. Er selbst konnte in dieser Zeit nichts machen. Bei der Teeschale von Herrn Takeshi war das nicht anders. Auch hier musste er warten, Geduld und Vertrauen in die Dinge haben. Er wusste, dass alles andere für das Ergebnis abträglich wäre. Er hatte das Nötige getan. Jetzt musste er loslassen.

Das Loslassen in diesem Schritt von Kintsugi zeigt uns, wie wichtig es ist, die Dinge im richtigen Augenblick sein lassen zu können. Vertrauen und Loslassen sind wichtige Fähigkeiten auf dem Weg unserer Heilung.
Vielen Menschen fällt es nicht leicht loszulassen. Nur allzu gern verbeißen wir uns in die Dinge und machen uns Tag und Nacht Gedanken. Die Buddhisten sprechen in diesem Fall von Anhaften. Man haftet an etwas an, klebt sozusagen daran fest und kommt einfach nicht davon los. Wie eine Motte, die ständig ums Licht kreist, sind wir dann gefangen. Wer anhaftet, kann schwer loslassen – klingt logisch, oder? Auch Herr Nakamura fiel das Loslassen schwer.

### *Herr Nakamura feierte O-Hanami*

Es war April, Kirschblütenzeit. Wie alle Japaner liebte Herr Nakamura diese Zeit. Jung und Alt strömte in den Parks unter den blühenden Kirschbäumen zusammen, um das Kirschblütenfest, O-Hanami, zu feiern. Es wurden Decken auf der Wiese ausgebreitet, der Grill angeworfen und mit reichlich Sake das prachtvolle Blühen zelebriert.
Obwohl Herr Nakamura O-Hanami eigentlich liebte, hatte er es schon seit fünf Jahren nicht mehr gefeiert. Er hatte es sogar vermieden, an den Parks vorbeizugehen. Er wollte einfach nichts mit dem frohen Treiben zu tun haben. Es war zu schmerzhaft für ihn, denn es erinnerte ihn an Ame, seine Frau. Sie war vor fünf Jahren an Brustkrebs gestorben. Ame und er hatten sich als Studenten bei einem Kirschblütenfest

kennengelernt. Zwei Jahre später hatte er ihr unter einem blühenden Kirschbaum einen Heiratsantrag gemacht. Jedes Jahr seitdem hatten sie ihre Liebe beim O-Hanami-Fest gemeinsam gefeiert. Seit ihrem Tod machte ihn schon der Anblick eines blühenden Kirschbaums traurig. Herr Nakamura wusste, dass er loslassen musste. Er hatte Ames Tod ausgiebig betrauert, doch es schien nicht genug.

Auch in diesem Jahr fragte ihn sein bester Freund, Kijoshi, ob er nicht mit zum Blütenfest käme. Herr Nakamura öffnete den Mund, um abzusagen, als er sich plötzlich anders entschied: »Ach, ich sollte vielleicht mitkommen. Ja, in diesem Jahr komme ich mit.«

Nun saß er unter den Kirschbäumen im Yoyogi Park mit seinen Freunden auf Decken. Am Anfang hatte es sich noch ein wenig merkwürdig angefühlt. Die Trauer kam wellenartig über ihn, wann immer er an Ame dachte. Doch die gute Laune seiner Freunde wirkte ansteckend und mit der Zeit fühlte er sich immer besser.

Die Stunden vergingen. In einem Augenblick des Glücks schloss Herr Nakamura die Augen und ließ sich nach hinten auf die Decke fallen. Als er sie wieder öffnete, sah er nichts als das Weiß der Kirschblüten, die über ihm wie ein Meer wogten. Voller Liebe dachte er an Ame. Und zum ersten Mal seit ihrem Tod verspürte er dabei nicht einen Hauch von Traurigkeit. Herr Nakamura hatte losgelassen.

Herr Nakamura war es gelungen, seine Trauer über den Verlust seiner Frau loszulassen. Ihm halfen die Liebe seiner Freunde und das Vertrauen darin, dass die Dinge gut sind, wie sie sind.

Vertrauen zu haben hilft beim Loslassen. Auch Meister Musashi musste Vertrauen haben, wenn er ein Geschirr in die Trockenkammer stellte und sich selbst überließ. Doch wie können wir lernen loszulassen? Dazu muss man wissen: Loslassen findet im Kopf statt. Wenn wir nicht loslassen können und deswegen leiden, tun wir das, weil wir uns mit unseren Gedanken identifizieren. Ganz so, wie sich Herr Takeshi mit der Trauer identifizierte.

Mit dem Wissen, dass Loslassen im Kopf stattfindet, haben wir einen wirkungsvollen Schlüssel in der Hand, um leichter loslassen zu können. Denn wie wir mit unseren Gedanken umgehen, können wir zu jeder Zeit selbst beeinflussen. Wir können sie beobachten und dabei feststellen: Wir sind nicht unsere Gedanken.

Normalerweise ist uns das nicht bewusst. Tagein, tagaus gehen uns Hunderte Gedanken durch den Kopf. Wir nehmen sie dabei ganz natürlich als einen Teil von uns wahr und identifizieren uns mit ihnen: Das, was wir denken, das sind wir. Aber das stimmt nicht. Ein Gedanke ist nur ein Gedanke. Er kommt und geht und hat nicht wirklich dauerhaft Substanz. Das können wir leicht erkennen durch eine Praxis, die heute in aller Munde ist: Achtsamkeit. Wenn ein Gedanke in unserem Bewusstsein auftaucht, dann schauen wir ihm

beim Auftauchen zu. Solange er da ist, schauen wir ihm beim Dasein zu. Und wenn er wieder geht, schauen wir ihm beim Gehen zu.
Im Grunde ist es also wirklich einfach. Es geht bei der Achtsamkeit darum, sich nicht in die Gedanken zu verstricken, indem man sich an sie klammert. Dann nämlich genügt ein einzelner Gedanke, um von ihm fortgetragen zu werden: Aus dem einen Gedanken geht ein anderer hervor, aus diesem wieder ein anderer und so weiter.

*Achtsamkeit bedeutet, dass wir alles,*
*was in unserem Gewahrsein auftaucht –*
*Gedanken, Gefühle, Empfindungen –*
*aufmerksam beobachten, ohne es zu bewerten.*

Durch die Achtsamkeit passiert etwas ganz Außerordentliches. Wir können die Gedanken, mit denen wir uns normalerweise völlig identifizieren, als das erkennen, was sie sind: einfach nur Gedanken. Sie sind zwar in unserem Kopf, aber wir sind nicht unsere Gedanken. Sie sind nur Besucher auf Zeit, die schnell kommen und schnell gehen.
Wir können das erkennen, weil sich durch die Achtsamkeit sozusagen ein Raum zwischen den Gedanken und uns, dem Beobachter, öffnet. Dieser Raum ist ein Raum der Freiheit. Er erlaubt uns, die Gedanken wertfrei zu beobachten und aus ihnen Handlungen folgen zu lassen oder auch nicht.

Ganz wie wir wollen. Wenn wir durch Achtsamkeit nicht an unseren Gedanken anhaften, dann fällt es leicht loszulassen. Die Kunst, negative Gedanken loszulassen, ist im Alltag äußerst hilfreich. Denn negative, dunkle Gedanken können sich ganz leicht in unserem Kopf einnisten und dafür sorgen, dass unser ganzer Tag von ihnen überschattet wird: Ein einziger Gedanke genügt manchmal, um eine Lawine loszutreten, die im besten Fall die Stimmung nur leicht drückt und uns im schlimmsten Fall völlig unter sich begräbt.

Wenn man mithilfe der Achtsamkeit dafür sorgt, dass man den Gedanken nicht so stark ausgeliefert ist, dann hat man auch einen gesunden Abstand zu den Gefühlen. Denn Gedanken und Gefühle sind miteinander verbunden. Zum Beispiel reicht der kurze Gedanke, zu Hause den Herd angelassen zu haben, völlig aus, um sofort eine Schreckensreaktion in Gang zu setzen: Wir fühlen Sorge, Angst, Zweifel, vielleicht sogar Panik und alle körperlichen Symptome.

Der Schlüssel, um seine Gedanken loszulassen, ist die Achtsamkeit. Es ist generell hilfreich, wenn man alles, was im Bewusstsein vor sich geht, aufmerksam beobachtet. Denn dann hat man die Möglichkeit, bewusst in seine Denkprozesse einzugreifen, wenn man bemerkt, dass sie gerade dabei sind, aus dem Ruder zu laufen.

# FÜR IHREN ALLTAG

## Negative Gedanken loslassen

Praktizieren Sie Achtsamkeit: Nehmen Sie den Fluss Ihrer Gedanken aus einer Beobachterperspektive wahr, ohne sie zu bewerten. Zum einen öffnet die Achtsamkeit einen Handlungsspielraum zwischen Ihnen und Ihren Gedanken. Zum anderen funktioniert sie wie ein Radar, der Ihnen mitteilt, wenn in Ihrem Bewusstsein problematische Gedanken auftauchen.

Wenn Sie merken, dass Sie Gefahr laufen, von negativen, dunklen Gedanken mitgerissen zu werden, dann ist der richtige Zeitpunkt zum Loslassen dieser Gedanken gekommen. Gedanken können nur »gedeihen«, wenn Sie an ihnen haften, ihnen also durch eine Identifizierung mit sich selbst Energie zuführen. Nur so hat ein Gedanke die Kraft, weitere Gedanken hervorzubringen und sich mit ihnen allmählich zu einem mächtigen Gedankenstrom zu verbinden.

Sobald Sie aufhören, sich mit einem Gedanken zu identifizieren, und ihn als das erkennen, was er ist, nämlich bloß ein Gedanke, nehmen Sie ihm die Kraft zu wachsen. Er bleibt noch eine Weile bestehen und verschwindet dann von selbst.
Das A und O beim Loslassen von negativen Gedanken ist, nicht an ihnen zu haften, sie aber auch nicht abzulehnen, indem Sie sich beispielsweise zwingen, an etwas anderes zu denken. Beides führt dem Gedanken Energie zu.
Was aber hilft? Lassen Sie den Gedanken einfach so gut es geht vorüberziehen, ohne sich von ihm vereinnahmen zu lassen und ohne ihn wegzudrücken. Auf diese Weise verschwindet er nach einer Weile von selbst, wie eine Wolke, die sich am Himmel auflöst. Sie bemerken, wie er kommt, Sie bemerken, dass er da ist, Sie bemerken, wie er geht. Mehr ist nicht zu tun.

DER VIERTE SCHRITT

# WIEDERHERSTELLEN

Nach dem Ruhen geht der Kintsugi-Prozess mit wichtigen Arbeitsschritten weiter: Die Bruchlinien werden gereinigt, geschliffen und es wird wiederholt Urushi aufgetragen, um das Geschirr fest, stabil und widerstandsfähig zu machen. Dieser Schritt von Kintsugi zeigt uns die heilende Kraft des Aufräumens, wie wir unsere Talente entfalten und wie wir resilient werden.

④

# Die Bruchlinien reinigen

## Wie wir uns von Überflüssigem trennen

Der Urushi war mittlerweile vollständig getrocknet. Meister Musashi nahm die Teeschale aus der Trockenkammer. Er wickelte sie aus den Schnüren und fing an, die Bruchlinien zu reinigen, indem er überschüssigen Urushi entfernte.

Meister Musashi beugte sich über die Teeschale, um sie zu begutachten. Sie sah gut aus und ruhig machte sich der Meister an die weiteren Arbeitsschritte. Er wusste, dass es in diesem Schritt von Kintsugi darum ging, die Teeschale wiederherzustellen, sie also in einen funktionstüchtigen Zustand zu versetzen. Dazu musste er als Erstes die Klebestellen gründlich reinigen. Er nahm einen kleinen Spatel in die Hand und säuberte die Bruchlinien von Urushi-Resten.
Um festzustellen, wo sich Lackreste befanden, benutzte er nicht nur seine Augen, sondern auch seine Finger. Meister Musashi war sich im Klaren darüber, dass Kintsugi alle Sinne einschließt und die Finger spüren, was die Augen nicht sehen. Gefühlvoll fuhr er an den Bruchlinien entlang und

ertastete so feinste Unebenheiten, die er mit bloßem Auge nicht wahrnehmen konnte. »Alles Überflüssige kann weg«, dachte er dabei gut gelaunt.

Das Reinigen der Klebestellen in diesem Schritt von Kintsugi kann uns dazu inspirieren, auch in unserem Leben aufzuräumen und Ballast abzuwerfen. Ein guter Anfang könnte darin bestehen, unsere Wohnung aufzuräumen und uns dabei von überflüssigen Dingen zu trennen.

Putzen ist ein läuternder, heilsamer Prozess, der in dieser Funktion etwa in Zen-Klöstern ritualisiert wurde. Haben Sie schon einmal Bilder von putzenden Zen-Mönchen gesehen? Wie fleißige Bienen reinigen sie emsig und gewissenhaft jeden noch so kleinen Winkel ihres Klosters, bis es vollkommen sauber ist. Der Boden wird dabei in einer traditionellen Weise geputzt: Nicht mit einem Wischmopp, sondern mit einem nassen Lappen, der mit den Händen auf dem Boden gehalten wird, während die Mönche gebückt und mit Highspeed den Flur entlangjagen.

Indem die Mönche jeder noch so kleinen, unscheinbaren Tätigkeit ihre volle Aufmerksamkeit widmen, verwandelt sie sich in eine Meditation. Die beim Putzen flink auf dem Boden herumhuschenden Mönche befinden sich in einer Putzmeditation. Sie wissen, dass das Putzen des Klosters ihnen dabei hilft, sich auch selbst sauber und rein zu fühlen, und ihr Wohlbefinden steigert.

Das ist auch ganz logisch. Denn der Raum, in dem wir leben, ist so eng mit uns verknüpft, dass er großen Einfluss auf unser Wohlbefinden und unsere Stimmungslage hat. Wir verbringen viel Zeit in den eigenen vier Wänden, essen, schlafen, lieben, leben dort. Wir empfangen hier Besuch oder ziehen uns zurück. Wir haben unsere Wohnung eingerichtet und hier Dinge angesammelt, die uns etwas bedeuten. All das führt dazu, dass wir unsere Wohnung nicht wirklich getrennt von uns wahrnehmen: Sie ist ein Teil von uns, mit dem wir in Resonanz stehen. Unsere Lebensweise entscheidet, in welchem Zustand sie sich befindet, und ihr Zustand hat wiederum Rückwirkung auf uns: unser Denken, unser Fühlen, unser Wohlbefinden.

*Weil wir mit unserer Wohnung in enger Resonanz stehen, ist Aufräumen eine einfache und wirkungsvolle Methode, um unsere Gedanken und Gefühle zu klären.*

Jeder kennt vermutlich das Gefühl, in eine saubere, aufgeräumte Wohnung einzutreten. Ohne dass man es erklären kann, fühlt man sich spontan selbst innerlich aufgeräumt und heiter. Die äußere Ordnung spiegelt sich also in einem selbst wider. Umgekehrt ist es natürlich auch so: Wenn die Wohnung unaufgeräumt, chaotisch und schmutzig ist, fühlt man sich in ihr tendenziell nicht wohl. Das äußere Chaos lässt uns nicht unberührt und führt zu einem Gefühlswiderhall in uns selbst.

Während wir jedes Ding an seinen Platz stellen, Müll wegwerfen, staubsaugen und wischen, strukturieren wir das Chaos und verleihen einem kleinen Teil der Welt – nämlich unserer Wohnung – eine sinnvolle Ordnung. Es ist wie eine Heilung und Verjüngung des Raums: Wir entfernen Überflüssiges und Schmutz, die sich ganz natürlich ansammeln, weil es ein Raum ist, in dem gelebt wird, und sortieren die Dinge, bis am Ende alles seinen Platz gefunden hat.
Dabei passiert mit uns selbst das Gleiche. Auch wir sortieren uns unbewusst, unruhige Gedanken und Gefühle kommen zur Ruhe. Nach getaner Arbeit fühlen wir uns wie der Raum um uns herum: sauber, geordnet und geläutert.
Auch Herr Nakamura hat vor Kurzem die läuternde Wirkung des Aufräumens und Putzens erfahren.

## *Herr Nakamura räumte auf*

Herr Nakamura stand in der Mitte seines Wohnzimmers. Er stand so still, dass man fast meinen könnte, er meditierte. In altjapanischer Tradition hatte er sich ein kleines weißes Tuch um seinen Kopf gebunden, das hinter seinem Kopf zusammengeknotet war. Zudem trug er eine rosa Hello-Kitty-Schürze (ein Werbegeschenk) und bis zu den Ellenbogen reichende neongelbe Handschuhe. Neben ihm stand ein Eimer mit Wasser. Herr Nakamura wusste, dass er ein wenig lächerlich aussah, aber das war nun mal seine übliche Ausstattung, wenn er sich ans Putzen machte. Und genau das wollte er jetzt. Es ging ihm sogar um einen Großputz.

Die Erkenntnis, dass es mal wieder Zeit dafür war, war ihm erst vor Kurzem gekommen. An einem Ort, an dem er das nicht vermutet hätte: im Zen-Kloster Hoko-ji. Meister Tosui hatte ihn eingeladen, eine Woche lang zusammen mit den Mönchen zu leben. Herr Nakamura hatte die Einladung als große Ehre angesehen und sie dankbar angenommen.

Eine Woche lang teilte er die Lebensweise der Zen-Mönche und machte genau das, was sie machten: Er wachte mit dem Klang der Tempelglocke auf, meditierte in der großen Halle, rezitierte Sutren und aß das vegetarische Klosteressen, das einfach zubereitet und dabei sehr köstlich war. Herr Nakamura war begeistert. »Was für eine wertvolle Lebenserfahrung!«, dachte er.

Doch eine Sache erstaunte ihn: die große Reinlichkeit der Mönche, die ihr Kloster jederzeit perfekt sauber hielten. Selbst Meister Tosui war sich zum Putzen nicht zu schade. Bei den regelmäßigen Putzaktionen sah man seine kleine Gestalt wie alle anderen Mönche den Boden schrubben, Staub wischen, ja selbst die Latrinen putzen.

Um der Sache auf den Grund zu gehen, fragte Herr Nakamura: »Meister Tosui, wieso wird so viel Gewicht darauf gelegt, das Kloster rein zu halten?« Der Meister legte seinen Putzlappen beiseite, wischte sich mit dem Handrücken den Schweiß von der Stirn und antwortete: »Es ist eigentlich ganz einfach: Wir halten das Kloster aus Dankbarkeit und Respekt sauber – vor ihm und auch vor uns. In einem sauberen Kloster fühlt man sich einfach wohler. Und es hilft uns,

uns selbst, unsere Gedanken und Gefühle rein zu halten.« Diese Antwort leuchtete Herrn Nakamura ein. Und sie inspirierte ihn auch. Als er von seinem einwöchigen Trip nach Hause kam und die Wohnungstür öffnete, sah er seine Wohnung mit anderen Augen. Er sah, wie unordentlich sie war, überall lagen Stapel mit Manuskripten, die schon lange im Papierkorb hätten landen sollen, alte Zeitungen und Flaschen, leere Chipstüten und Krimskrams aller Art. »Hier muss unbedingt was gemacht werden!«, schoss es ihm bei diesem Anblick durch den Kopf.

Nun war es so weit. Am Vortag hatte er schon aufgeräumt und ausgemistet und fühlte sich bereits erheblich wohler in seiner Wohnung. Jetzt würde er putzen. Herr Nakamura, der noch immer in seiner leicht außerirdisch wirkenden Montur in der Mitte des Wohnzimmers stand, beugte sich zum Eimer und griff nach dem Putzlappen.

Es scheint geradezu ein Naturgesetz zu sein: Im Lauf der Zeit sammeln sich immer mehr Dinge in unserer Wohnung an, für die wir keine wirkliche Verwendung haben. Beispielsweise Papierkram aller Art, Zeitschriften, die schon lange ausgelesen sind, Kleidung, die ausschließlich im Kleiderschrank ihr Dasein fristet, und vieles andere mehr. Diese Dinge erfüllten für uns einmal eine bestimmte Funktion. Wir verbrachten Zeit mit ihnen und sie halfen uns, verschiedene Bedürfnisse zu befriedigen: Mit Zeitschriften hatten wir Lesefreude, Kleidung wärmte und schützte uns. Sie waren also ein sinnvoller Bestandteil unseres Lebens. Doch das änderte sich in dem Moment, in dem wir aufhörten, sie zu benutzen. Sie wurden zu Ballast.

Es macht Sinn, regelmäßig auszumisten und diese Gegenstände, die keine wirkliche Rolle mehr in unserem Leben spielen, loszulassen. Sie sind ein Teil unserer Vergangenheit, der für unser jetziges Leben keine Bedeutung mehr hat. Außer Platz wegzunehmen und ein trauriges Dasein als Staubfänger zu fristen.

Es sind gewissermaßen »tote« Gegenstände, denn wir müssen uns mit den Dingen beschäftigen, um ihnen Leben zu geben. Wenn sie sich in der Wohnung ansammeln, verwandelt sie sich mit der Zeit in ein Museum abgelegter Dinge, statt ein Ort pulsierenden Lebens zu sein.

Das alles spricht dafür, von Zeit zu Zeit reinen Tisch zu machen, ordentlich auszumisten und der Wohnung eine Frischzellenkur zu verpassen.

# FÜR IHREN ALLTAG

## Ausmisten und Ballast abwerfen

Gehen Sie mit einem offenen Blick durch Ihre Wohnung und überlegen Sie dabei, welche Dinge Sie wirklich brauchen. Was ist Ballast und kann weg? Wenn etwas nicht mehr da wäre, würde Sie das erleichtern?
Generell sind Ballast vor allem Dinge aus unserer Vergangenheit, die keine Bedeutung mehr für uns haben. Fragen Sie sich: Spielt dieser Gegenstand heute eine Rolle für mich? Nehmen Sie die Dinge in die Hand. So »begreifen« Sie im wörtlichen Sinne, was ihre jetzige Rolle in Ihrem Alltag ist. Oft fühlen sie sich fremd an. Trennen Sie sich von allem, was Sie als Ballast erkannt haben. Sie können die Sachen auch verschenken, spenden oder verkaufen. So »leben« sie weiter.
Genießen Sie dann das frische Gefühl in einer Wohnung voller »lebendiger« Dinge, die Sie nähren.

# Die Bruchlinien schleifen

## Wie wir Talente und Gaben zum Vorschein bringen

Die von überschüssigem Urushi gesäuberten Bruchlinien wurden nun angeschliffen. Meister Musashi benutzte hierzu ein Stück japanische Schleifkohle und entfernte kleinste Verunreinigungen aus dem Urushi. So würde die nächste Lackschicht auch besser haften.

Meister Musashi saß über die Teeschale gebeugt und bearbeitete sie mit einem Stück Schleifkohle. Er wusste, dass viele seiner Kollegen mittlerweile dazu übergegangen waren, modernes Schleifpapier für diese Arbeit zu benutzen, er selbst bevorzugte jedoch die Schleifkohle. Immerhin wurde seit Jahrhunderten damit in Japan Urushi geschliffen. Der alte Meister hatte nichts gegen Innovation, er fühlte sich einfach der Tradition verpflichtet.
Meister Musashi führte die Schleifkohle behutsam über die geklebten Bruchlinien. Durch wiederholte Bewegungen trug er feinste Mengen des getrockneten Urushi ab, mitsamt Staub- und Schmutzpartikeln, die sich darin verirrt hatten.

Er war konzentriert bei der Sache, denn ihm war bewusst, wie wichtig das Schleifen war, damit die Urushi-Schichten, die er als Nächstes auftragen würde, eine gute Basis hatten. Übertragen wir das Bild des Schleifens in diesem Schritt von Kintsugi auf uns selbst, können wir uns fragen: Was gibt es an uns zu schleifen? Welche Aspekte von uns selbst, die vielleicht brachliegen oder die wir aus welchen Gründen auch immer verstecken, können wir durch Schleifen zum Vorschein bringen? Diamanten etwa werden geschliffen, um aus einem unscheinbaren Rohstein einen funkelnden, strahlenden Edelstein zu machen. Was könnte sich bei uns in so einem Rohzustand befinden?
Möglicherweise haben wir Talente, die in uns schlummern, die wir jedoch nicht ausleben oder nicht anwenden. In diesem Fall wäre es eine gute Idee, wenn wir an uns schleifen und diese Talente in unserem Leben manifestieren. Indem wir unsere Fähigkeiten ausleben, erfahren wir uns selbst in einer neuen, tieferen Weise. Durch das Entfalten unserer Potenziale werden wir zu reicheren Menschen.
Talente gibt es in vielen Formen. Wir denken bei dem Wort »Talent« zwar häufig zunächst an eine besondere musikalische oder künstlerische Veranlagung, doch es gibt die unterschiedlichsten Talente auf den unterschiedlichsten Gebieten. Viele Talente sind dabei auf den ersten Blick nur schwer als solche zu erkennen. Sie sind unscheinbar und es sieht so aus, als seien sie nicht wirklich nützlich. Sie sind trotzdem häufig wertvoll: Zum Beispiel gibt es das Talent, andere Menschen

zum Lachen zu bringen und auf diese Weise Heiterkeit zu verbreiten. Oder das Talent, gut zuhören zu können. Oder das Talent, eine Atmosphäre zu schaffen, in der sich andere Menschen wohlfühlen und die sie einlädt, ganz einfach so zu sein, wie sie sind.
Wir können am meisten Freude und Erfüllung aus unseren Talenten ziehen, wenn wir sie mit anderen teilen. Es wirkt nur auf den ersten Blick paradox. Bei genauerem Hinsehen ist es wahr: Je mehr man Talente teilt, umso mehr hat man selbst davon. Sie gehören zu den Dingen, die durch Teilen nicht weniger werden, sondern mehr.
Herr Nakamura machte auch gerade diese Erfahrung. Zufällig hatte er entdeckt, dass er ein sehr spezielles Talent besaß, das jahrelang unentdeckt geblieben war, und wollte es nun mit seinen Freunden teilen.

### *Herr Nakamura machte Umeboshi*

Wie in den letzten Jahren auch wollte Herr Nakamura in diesem Jahr Umeboshi machen. Er liebte sie einfach über alles: kleine rote eingelegte Ume-Früchte, die sehr salzig und sauer schmecken. Schon als Kind hatte er sie geliebt, auch wenn er manchmal das Gesicht verziehen musste, wenn er ein besonders saures Exemplar erwischt hatte. Umeboshi werden in Japan traditionell als Beilage zu Reis gegessen und sind häufig in Onigiri zu finden, Reisbällchen, die in Nori, getrockneten Seetang, gehüllt sind. Für Herrn Nakamura waren Umeboshi einfach der Inbegriff Japans.

Seit drei Jahren machte er Umeboshi nun selbst. In all den Jahren zuvor hatte seine Frau Ame diese Aufgabe übernommen. Nach ihrem Tod ging Herr Nakamura zunächst dazu über, Umeboshi im Geschäft zu kaufen. Doch sie schmeckten ihm nicht. Dabei hatte er alle möglichen Sorten ausprobiert, auch die wirklich teuren, die in kleinen Mengen zu horrenden Preisen verkauft wurden. Also beschloss er, die Sache selbst in die Hand zu nehmen. Er hatte Ame bei der Herstellung oft zugeschaut und wusste im Prinzip, wie es gemacht wird.

Und es zeigte sich: Herr Nakamura besaß Talent für Umeboshi. Das erstaunte ihn selbst am meisten, denn die Herstellung nach dem traditionellen Verfahren ist kompliziert und zeitaufwendig. Die einzelnen Arbeitsschritte – zuerst werden die Früchte gereinigt und ein, zwei Monate in einem Holzbottich zum Gären in Salz eingelegt, dann etwa eine Woche in der Sonne getrocknet, noch mal zusammen mit Shiso-Blättern für einige Tage eingelegt und abschließend zum Reifen geschichtet – sind zwar nicht sonderlich komplex, dennoch konnte man viel falsch machen.

Doch Herr Nakamura hatte es offenbar im Blut. Obwohl er felsenfest mit Fehlschlägen rechnete, glückten ihm schon seine ersten selbst gemachten Umeboshi. Jahr für Jahr hatte er daraufhin versucht, sie zu verbessern, indem er mit der Salzmenge experimentierte und am Timing der Arbeitsschritte schraubte. Das zahlte sich aus. Seine Umeboshi schmeckten von Jahr zu Jahr aromatischer. In diesem Jahr

wollte er seine Freunde an seinem Talent teilhaben lassen und mehr Umeboshi zum Verschenken zubereiten.
Es war ein heißes Juniwochenende. Herr Nakamura war in ein kleines Bergdorf außerhalb Tokios gefahren, um die Ume-Früchte bei dem alten Bauern zu kaufen, bei dem er sie auch in den letzten Jahren geholt hatte. Er deutete mit dem Finger auf die Früchte. Der Bauer, der vom Alter schon ein wenig gebeugt war, erkannte Herr Nakamura und fragte:
»Wieder ein Kilo, wie letztes Jahr?«
»Nein«, entgegnete Herr Nakamura lächelnd, »in diesem Jahr nehme ich zwei.«

Damit wir unsere Talente entfalten können, ist es notwendig zu üben. Haben Sie schon von der 10.000-Stunden-Regel gehört? Sie ist das Ergebnis einer wissenschaftlichen Studie, die sich mit der Frage auseinandergesetzt hat, wie wir es auf einem Gebiet zu Meisterschaft bringen. Sie fand heraus: Das geschieht vor allem durch Üben. Man braucht ungefähr 10.000 Übungsstunden, um ein Virtuose zu werden, egal ob als Schachspieler, Musiker oder Sportler.
Neuere Studien zeigen aber, dass es doch nicht ganz so einfach ist: Übung allein macht nicht den Meister, Talent muss auch dazukommen. Wer viel Talent hat, wie beispielsweise Herr Nakamura für die Zubereitung von Umeboshi, braucht weniger zu üben, um es zur Meisterschaft zu bringen, und umgekehrt reicht es auch nicht aus, viel zu üben, wenn man gar nicht talentiert ist. Dabei ist eines jedoch sicher: Übung

ist unerlässlich, um sein Talent zu entfalten. Was aber bedeutet das für uns? Wir müssen auf jeden Fall am Ball bleiben, wenn wir unsere Talente zum Blühen bringen wollen. Ob wir dabei Meister werden, spielt keine Rolle.

*Es geht darum, seine Potenziale zu verwirklichen, sich selbst auszudrücken und dabei Freude zu haben. Im besten Fall bringt man mit seinen Talenten noch ein wenig Freude in die Welt.*

Wie können wir herausfinden, was für Fähigkeiten und Talente in uns schlummern? Sich mit dieser Frage auseinanderzusetzen ist wertvoll. Denn sie regt dazu an, sich selbst zu erforschen. Außerdem nimmt man sich damit niemals als fertig wahr. Denn solange wir leben, entwickeln wir uns. Und diese Entwicklung können wir selbst in die Hand nehmen, indem wir unsere ureigenen Anlagen und Talente aktiv entfalten. Viele unserer Anlagen, Begabungen und Talente kennen wir bereits. Wir haben sie im Lauf der Zeit entdeckt, erfolgreich in unsere Persönlichkeit integriert und drücken sie aktiv in unserem Leben aus. Doch wir alle haben auch Begabungen, von denen wir noch nichts wissen. Sie liegen in uns verborgen wie Edelsteine unter der Erde. Wenn wir sie ans Tageslicht befördern, können wir sie schleifen und uns selbst mit ihnen bereichern.

# FÜR IHREN ALLTAG

## Eigene Talente entdecken – ein paar Anregungen

- Seien Sie offen. Offen für neue Erfahrungen, Eindrücke, Tätigkeiten. Neue Erfahrungen laden dazu ein, dass wir uns selbst neu erfahren und dabei Seiten an uns entdecken, die wir vorher nicht kannten.
- Verlassen Sie Ihre Komfortzone. Unser Alltag bewegt sich in Bahnen, in denen wir uns sicher fühlen: Abläufe, Gewohnheiten, Tätigkeiten, die sich täglich wiederholen und die wir in- und auswendig kennen. Doch machen Sie mal etwas, was Sie sonst eher nicht machen würden. Was das sein könnte? Überraschen Sie sich selbst!
- Folgen Sie Ihrer Intuition. Sie lesen oder hören etwas Interessantes, das ein freudiges Kribbeln in Ihrem Bauch entstehen lässt? Hören Sie in diesem Fall unbedingt auf Ihr Bauchgefühl.

# Die Bruchlinien lackieren

## Wie wir widerstandsfähiger und belastbarer werden

Meister Musashi machte sich daran, weitere Schichten Urushi auf die angeschliffenen Bruchlinien aufzutragen. Sie sollten die Stabilität der Teeschale erhöhen. Zunächst trug er eine Lackschicht mit schwarzem Urushi auf. Nach einer Trockenzeit folgte eine zweite mit rotem Urushi.

Der Kintsugi-Meister hielt einen feinen Pinsel in der Hand. Er hatte ihn in Urushi getaucht und fuhr hoch konzentriert und langsam mit ihm die Bruchlinien nach. Seit er die Scherben zusammengeklebt hatte, besaß die Teeschale zwar wieder ihre alte Form, doch sie war noch nicht stabil genug für den täglichen Gebrauch. Wenn Herr Takeshi wieder regelmäßig aus ihr trinken würde, könnte sie ganz leicht erneut zerbrechen. Das änderte sich jetzt.
Wie Meister Musashi wusste, erhöhte sich die Festigkeit der Teeschale mit jeder zusätzlichen Urushi-Schicht. Nach der zweiten Schicht würde die Schale sogar stabiler sein als vor dem Bruch. »Das ist wie bei einem gebrochenen Knochen,

der wieder zusammenwächst und am Ende stabiler ist als vorher«, ging es ihm durch den Kopf. Die zusätzlichen Lackschichten machten die Teeschale außerdem vollkommen wasserdicht.

Auch wir sollten unsere Widerstandskraft im Blick haben, wenn wir uns mit Kintsugi heilen. Es ist gut, wie die reparierte Teeschale widerstandsfähig und stabil zu werden. So können wir die Stürme des Alltags besser überstehen und gehen nicht sofort wieder zu Bruch, wenn ein Unglück in Form einer Krise oder besondere Belastungen über uns hereinbrechen.

Es geht hier um Resilienz, unsere innere Widerstandsfähigkeit. Wer resilient ist, lässt sich von einer Krise nicht dauerhaft zu Boden werfen. Auch wenn etwas subjektiv als katastrophal Empfundenes eintritt – man verliert seinen Job, wird schwer krank oder die Ehe zerbricht –, werden resiliente Menschen nicht permanent depressiv, hoffnungslos, verbittert oder zynisch. Sie ertrinken auch nicht in Selbstmitleid oder flüchten in Süchte. Stattdessen rappeln sie sich nach einiger Zeit auf, klopfen sich den Staub von der Kleidung und gehen wieder mit voller Kraft durchs Leben. Resilienz ist eine äußerst hilfreiche Eigenschaft. Umso mehr, da wir alle von Zeit zu Zeit Krisen zu bewältigen haben.

Wir alle können lernen, resilient zu sein. Denn es hängt zu einem großen Teil von unserer inneren Einstellung ab, mit der wir einer Krise oder allgemein Herausforderungen begegnen. Die Teeschale wird durch die zusätzlichen Urushi-

Schichten hart im Nehmen. Unser Schutzschild ist dagegen unsere innere Einstellung. Doch was zeichnet sie aus?
Von großer Bedeutung ist die Sicht auf die eigene Situation in der Krise: Menschen mit wenig Resilienz sehen sich schnell als Opfer. Sie fragen sich: »Wieso gerade ich?« und gehen in einer passiven Opferrolle auf.
Ganz anders dagegen ist die Haltung resilienter Menschen. Sie verfallen nicht in eine wehrlose Opferrolle, sondern fragen sich: »Was kann ich machen?« Sie suchen nach Möglichkeiten, aktiv in die Situation einzugreifen, sie zu verbessern oder zu lindern. Sie sind nicht tatenlose Zuschauer des eigenen Unglücks, sondern aktive Bezwinger schwieriger Lebensphasen. Herr Nakamura hatte auch gerade ein einschneidendes Erlebnis und blieb nicht tatenlos.

### *Herr Nakamura lernte Karate*

»Her mit dem Geld!«, hörte Herr Nakamura die Gestalt vor ihm mit unterdrückter Stimme zischen. Eine Klinge blitzte böse in der Dunkelheit vor ihm auf. Schockiert griff Herr Nakamura nach seiner Geldbörse. Das konnte doch nicht wahr sein, wurde er tatsächlich gerade ausgeraubt? Es sah ganz danach aus, denn die vermummte Gestalt entriss ihm hastig die Geldbörse und flüchtete in die Dunkelheit des Yoyogi-Parks.
Der Überfall dauerte nur Sekunden, doch Herr Nakamura war vor Angst wie gelähmt. Fünf Minuten stand er einfach nur leise zitternd da, unfähig, irgendetwas anderes zu ma-

chen. Dann ging er langsam nach Hause. Sein Erlebnis war ihm unbegreiflich. Er war schon Hunderte Male spätabends durch den Yoyogi-Park gegangen. Der Park galt zu jeder Tageszeit als sehr sicher. Überhaupt war die Kriminalitätsquote in Japan so niedrig wie in keiner anderen Industrienation. Von bewaffneten Raubüberfällen hörte man sehr selten etwas. Und jetzt das!
In der folgenden Zeit vollzog sich ein Gemütswandel bei Herrn Nakamura. Er hatte sich in Tokio immer sicher gefühlt, nie irgendeine Erfahrung mit Kriminalität oder Gewalt gemacht. Jetzt vermied er es, in der Dunkelheit seine Wohnung zu verlassen. Und er schloss sich abends in ihr ein. Von heute auf morgen hatte sich in Herrn Nakamuras Leben die Angst eingeschlichen.
Diese Entwicklung gefiel ihm gar nicht. »Nein, so will ich nicht leben«, dachte er sich. »Ich will keine Angst haben. Ich werde etwas machen, damit ich mich wieder sicherer fühle.« Er überlegte hin und her. Pfefferspray kaufen? Nein, er wollte sich sicher fühlen, ohne auf Hilfsmittel angewiesen zu sein. Da gab es eigentlich nur eins: »Karate!«
Herr Nakamura war ein durch und durch unsportlicher Mann. Mit dem Fahrrad zur Arbeit und wieder zurück zu fahren war alles, was in seinem Leben einer sportlichen Betätigung nahekam. In den letzten Jahren hatte er einen ordentlichen Bauchansatz entwickelt und fühlte sich zunehmend unwohl in seiner Haut. »Mit Karate zu beginnen wird mir sicher guttun«, dachte Herr Nakamura, »so kann ich

zwei Fliegen mit einer Klappe schlagen: Ich mache endlich etwas für meine Fitness und werde mich auch wieder sicherer fühlen.«
Am nächsten Tag meldete er sich im Dojo »Tanzender Drache« an, in dem Karate nach dem traditionellen Okinawa-Stil gelehrt wurde. Herr Nakamura bekam die Trainingskleidung, einen Karate-Gi, verpasst, ließ sich zeigen, wie man den Obi richtig bindet, und ab ging es auf die Matte. Das Training war anstrengend, Herr Nakamura war schon nach fünf Minuten völlig aus der Puste. Und das, obwohl sie nur den richtigen Stand geübt hatten. Doch er wurde von Woche zu Woche besser. Er wurde fitter, fühlte sich wohler in seiner Haut und die Angst, die sich in seinem Leben breitgemacht hatte, verblasste immer mehr – bis sie ganz verschwand.

Herr Nakamura nahm sein Schicksal also selbst in die Hand. Er akzeptierte, was ihm zugestoßen war, und war bereit, für sich selbst Verantwortung zu übernehmen. Diese Selbstsicht ist typisch für resiliente Menschen.
Wir sind verantwortlich für das, was wir tun und was wir nicht tun. Unser Leben liegt in unserer Hand. Auch sein Gelingen im Angesicht einer Krise.
Optimismus ist eine Schlüsseleigenschaft resilienter Menschen. So schwierig, belastend oder ausweglos eine Situation auch aussehen mag – sie verlieren nicht den Mut. Statt sofort die Hoffnung aufzugeben, gehen sie fest davon aus, dass sie die Situation heil überstehen werden. Finden sich optimisti-

sche Menschen in einer Krise wieder, dann werden sie ausdauernder an einer Lösung arbeiten als pessimistische. Auch ergreifen sie eher Chancen, die sich ihnen in der Krise auftun. Das alles hilft ihnen, belastende Situationen und Lebensphasen zu meistern.

*Wie optimistisch oder pessimistisch wir eine Situation beurteilen, hängt zu einem guten Teil von unseren Glaubenssätzen ab.*

Glaubenssätze sind unsere Meinungen und Überzeugungen, Ansichten und Einstellungen, die wir im Lauf unseres Lebens selbst produziert oder von anderen übernommen haben. Sie leiten uns, sind uns dabei aber oftmals nicht bewusst: Aus dem Dunkel heraus steuern sie unser Denken, Fühlen und Handeln.

Wenn Sie zu den Menschen gehören, die in Krisen und belastenden Situationen zu einer pessimistischen Sichtweise neigen und schnell die Hoffnung verlieren, kann das an Ihren Glaubenssätzen liegen. Die Situation aktiviert in Ihnen pessimistische Glaubenssätze: Nicht Sie sind also per se pessimistisch, sondern Ihre Glaubenssätze.

Die Lösung liegt nun darin, diese negativen, pessimistischen Glaubenssätze zu erkennen und bewusst in positive, optimistische umzuformulieren.

## FÜR IHREN ALLTAG

### »Don't worry, be happy.« Resilient durch die richtigen Glaubenssätze

Achten Sie in Situationen, die Sie belasten und die Sie als schwierig empfinden, auf Ihr Denken. Was spielt sich in Ihrem Kopf ab? Versuchen Sie, Ihre Gedanken möglichst neutral zu beobachten.
Wenn Sie feststellen, dass Ihre Gedanken in eine negative oder pessimistische Richtung tendieren, dann versuchen Sie, den dahintersteckenden Glaubenssatz herauszufinden. Hinter dem Gedanken »Das schaffe ich nicht. Ich bin mir sicher, dass das in einer Katastrophe endet« könnte dieser Glaubenssatz stecken: »Ich bin klein und schwach. Was kann ich schon ausrichten?« Formulieren Sie den Glaubenssatz positiv um: »Ich bin groß und stark und kann durchaus etwas bewirken.« Wiederholen Sie den neuen Glaubenssatz mehrmals am Tag und verankern Sie ihn so in Ihrem Bewusstsein.

DER FÜNFTE SCHRITT

# VERGOLDEN

Das Vergolden ist der letzte und krönende Schritt von Kintsugi. In den noch feuchten Urushi-Lack wird Goldpulver gestreut. Es folgt eine letzte Schicht Klarlack, die nach dem Trocknen auf Hochglanz poliert wird. Dieser Schritt zeigt uns die Bedeutung von Liebe und Freude in unserem Leben. Sie lassen uns aufleuchten wie das Gold beim Kintsugi.

# Die Bruchlinien vergolden

## Wie wir das Schöne in uns selbst entdecken und lieben

Der große Augenblick war gekommen. Meister Musashi fing an, die Bruchlinien der Teeschale zu vergolden. Dazu nahm er Goldpulver und streute es vorsichtig in die letzte, noch feuchte Schicht Urushi. Fasziniert sah er zu, wie der Lack eine goldene Farbe annahm.

Das Vergolden der Bruchlinien war für Meister Musashi immer wieder aufs Neue ein feierlicher Moment. Es war der krönende Abschluss von Kintsugi. So viele Arbeitsschritte waren vorher notwendig gewesen, um diesen einen machen zu können. »Kintsugi trägt seinen Namen – Goldverbindung – wirklich zu Recht«, ging es ihm durch den Kopf, während er das Goldpulver in den Urushi streute.
Fast wie ein Kind, mit Staunen und Freude, schaute der alte Meister zu, wie die Bruchlinien der Teeschale anfingen, golden zu strahlen. »Das ist wirklich magisch«, dachte er. Obwohl er es schon so oft gesehen hatte, war er von dem Schauspiel verzaubert.

Als er fertig war, stellte er die Teeschale auf den Tisch und betrachtete sie still. Sie war wunderschön. Der Kintsugi-Meister war mit seiner Arbeit sehr zufrieden.

*»Es ist fast so, als hätten sich die Wunden der Teeschale in Gold verwandelt. Gerade die Stellen, die zeigen, dass etwas kaputt war, verleihen der Teeschale nun eine einzigartige Schönheit«, dachte Meister Musashi.*

Das Vergolden inspiriert uns dazu, dass wir uns selbst einschließlich des Schadens, den wir genommen haben, vergolden. Gold ist das wertvollste, schönste und reinste Metall. Gold ist königlich: Herrscher schmückten sich damit, um ihren Reichtum auszudrücken. Und sein Gelb symbolisierte auch das Gelb der Sonne. Die Herrscher, die sich mit Gold umgaben, knüpften also an die Sonne als Herrscherin des Himmels an. Ohne Sonne kein Leben. Die Königin des Himmels schafft durch ihre Strahlen die Grundlage für alles Leben auf der Erde. In vielen Kulturen wurde dies als ein Geschenk der Sonne gedeutet: ein selbstloser Akt der Liebe, der die Erde begrünt und Leben schafft.
Übertragen wir diese Bedeutung des Goldes auf uns selbst, erkennen wir: Es geht darum, sich selbst zu lieben, aufzublühen und das Geschenk des Lebens adäquat auszudrücken. Indem wir uns selbst mit Liebe begegnen, heilen wir uns und erfüllen unser Sein mit Sinn, Lebensfreude und Glück.

Wir erkennen, dass unsere Wunden nichts sind, wofür wir uns schämen müssten, nichts, was uns hässlich oder minderwertig macht. Sie sind ein Teil von uns. Wie die Bruchlinien der Teeschale geben sie Zeugnis von unserer ureigenen Geschichte ab. Denn jeder hat seine körperlichen und seelischen blauen Flecken und Frakturen.
Unsere Wunden machen uns einzigartig, wie auch die Teeschale durch ihr Zerbrechen einzigartig wurde. Gleichzeitig verbinden sie uns, denn wir alle haben sie. Jetzt ist der Zeitpunkt gekommen, unsere Wunden zu vergolden, indem wir sie umarmen und als wichtigen Teil von uns anerkennen. Das Gold von Kintsugi, das ist die Liebe. Vielen Menschen fällt es sehr schwer, sich selbst mit Liebe zu begegnen. Dazu muss man sich so annehmen können, wie man ist: mit all seinen Makeln, Fehlern und Gebrechen. Auch Herr Nakamura hatte damit immer große Probleme.

### *Herr Nakamura besuchte ein Onsen*

Herr Nakamura stand vor dem Spiegel. Er hatte gerade ein Ofuro, ein heißes Bad, genommen. Wie in Japan üblich badete Herr Nakamura jeden Abend. Duschen hatten sich zwar mittlerweile auch hier verbreitet, doch Herr Nakamura war altmodisch und zog ein Ofuro der Dusche vor. Was gab es Schöneres als ein heißes Bad?
In dem noch von Wasserdampf beschlagenen Spiegel traten seine Konturen hervor. Der Blick in den Spiegel war für Herrn Nakamura immer zwiespältig gewesen. Er mochte

nämlich meistens nicht, was er da sah. Mit seinem Körper war er aus verschiedenen Gründen fast immer unzufrieden: In der Regel fand er sich zu dick, außerdem hatte er seit seiner Pubertät Neurodermitis. Die entzündeten Stellen bedeckten verschiedene Körperteile. Herr Nakamura fand sie entstellend und schämte sich sehr für sie. Selbst an den heißesten Sommertagen trug er nie kurze Hemden, damit seine entzündeten Ellenbogen bedeckt blieben.

Über all das dachte Herr Nakamura nach, als er vor dem Spiegel stand. »Werde ich mich je so annehmen können, wie ich bin?«, ging es ihm traurig durch den Kopf. »Wieso fällt es mir bloß so schwer, mir selbst mit Liebe zu begegnen?« Eine einzelne große Träne löste sich aus Herrn Nakamuras rechtem Auge und rann ihm langsam die Wange herab. In diesem Augenblick beschloss er, dass er sich ändern würde. Er würde die Liebe zu sich endlich zulassen, er würde sich umarmen, so wie er war. Und er würde damit beginnen, indem er ein Onsen besuchte.

Herr Nakamura war als Erwachsener aus Scham über seinen Körper noch nie in einem Onsen gewesen: einem Gemeinschaftsbad, das aus einer der vielen natürlichen heißen Quellen Japans gespeist wird. Doch jetzt wollte er aktiv werden. Für seinen ersten Onsen-Besuch seit Jahrzehnten suchte er sich ein besonders schönes Bad aus: ein Freiluft-Onsen im Hakone-Gebirge, das für seine unberührte Natur und seine heißen Vulkanquellen berühmt war. Dort stieg Herr Nakamura langsam in das dampfend heiße Wasser, in dem schon

einige andere Badende saßen. Niemand hatte ihn wegen seiner Neurodermitis gemustert, ja, sie schien niemandem überhaupt aufgefallen zu sein.
Herr Nakamura lehnte seinen Kopf zurück und streckte seine Füße aus. Das Becken, in dem er saß, war direkt in den Stein des Berges gehauen. Herr Nakamura genoss die Wärme, die seinen Körper durchströmte, den Anblick der Natur und die duftende Luft. »Wie schön«, dachte er. Ganz leise entfuhr ihm ein wohliges Seufzen, als er sich noch ein wenig tiefer ins Wasser sinken ließ.

Die Geschichte von Herrn Nakamura zeigt, dass es eigentlich nicht so schwierig ist, sich selbst mit Liebe zu begegnen – denn die Liebe ist schon da. Man muss sie nur zulassen. Es genügt im Grunde einzusehen, dass man okay ist, so wie man ist. Das klingt natürlich simpel, aber alle wirklich wichtigen Dinge im Leben sind sehr, sehr simpel: atmen, lachen – und eben auch lieben. Wollen Sie es also probieren? Sich so anzunehmen, wie Sie sind? Sie sind ganz sicher nicht perfekt, doch wer ist das schon?
Wenn wir uns selbst und unser Leben betrachten, dann nehmen wir häufig vor allem die negativen Dinge wahr: das, was schiefgelaufen ist, unsere Misserfolge, die kleinen und großen Niederlagen des Alltags. An uns selbst sehen wir das, was uns nicht gefällt, dass wir zu dick sind, zu dünn, unsere Nase zu groß oder unsere Ohren zu klein. Kurz: Wir neigen zu übermäßiger Selbstkritik. Dazu kommt: In der heutigen

Zeit verleiten uns die sozialen Medien dazu, uns ständig mit anderen zu vergleichen. In perfekt kuratierten Profilen in den sozialen Netzwerken lachen uns strahlende, allzeit glückliche Menschen an. Ihr Leben scheint aus purem Glück zu bestehen – unseres dagegen nicht.
Schnell fragen wir uns dann: »Was mache ich falsch? Wieso ist mein Leben nicht so toll? Stimmt irgendetwas nicht mit mir?« Die Antwort ist: Mit uns ist alles in Ordnung. Wir sind genau so, wie wir sein sollen. Wir sehen es nur nicht, weil unser Blick auf uns selbst verzerrt ist.
Wenn es darum geht, verschiedene Brillen aufzusetzen und uns dadurch verzerrt zu sehen, sind wir alle Meister. Oft sehen wir uns selbst durch die Kritikbrille. Dann erscheinen wir uns voller Makel, minderwertig und nicht gut genug. Manchmal tragen wir auch die Vergleichsbrille. Dann gucken wir, was andere haben und wir nicht. Ein sicherer Weg, um sich ruckzuck unglücklich zu machen.
Also los: Heute setzen wir alle Brillen ab und sehen uns zur Abwechslung mal mit den Augen der Liebe. Von allen Sichtweisen, die man auf sich selbst haben kann, ist das mit Abstand die schönste, gesündeste und auch wahrste.

# FÜR IHREN ALLTAG

## Sich selbst mit den Augen der Liebe sehen

Stellen Sie sich vor einen Spiegel. Schauen Sie sich aufmerksam an. Was sehen Sie? Im ersten Moment sehen wir uns im Spiegel, wie wir uns immer im Spiegel sehen. Der Blick ist dabei oft kritisch: »Die Bluse steht mir nicht.« »Den Pickel habe ich nicht gut abgedeckt.« »Meine Augenringe sehen heute aber gruselig aus.« »Ich bin zu dick.« Wenn derartige kritische Gedanken auftauchen, lassen Sie sie einfach vorbeiziehen.
Es geht bei dieser Übung nicht um eine kritische Beurteilung Ihrer selbst, sondern um das genaue Gegenteil: Sie schauen sich mit einem liebevollen, wertschätzenden und alles akzeptierenden Blick an.
Beginnen Sie damit, sich in die Augen zu schauen. Seit der Antike gelten die Augen als Fenster zur Seele. Blicken Sie also tief in Ihre Seele und sagen Sie sich laut

oder in Gedanken: »Du bist wundervoll, so wie du bist. Danke, dass du da bist.« Achten Sie dabei auf die Gefühle, die diese Worte in Ihnen auslösen.
Lassen Sie nun den Blick über Ihren Körper wandern. Von Körperteil zu Körperteil. Fangen Sie mit Ihren Händen an. Betrachten Sie sie genau. Führen Sie sich vor Augen, dass es diese Hände nur einmal auf der Welt gibt. Sie begleiten Sie seit Ihrer Geburt. Tagtäglich helfen sie Ihnen bei den verschiedensten Tätigkeiten.
Sagen Sie Ihren Händen so etwas wie: »Danke, liebe Hände, dass ihr für mich da seid. Ohne euch wäre es wirklich schwer.« Versuchen Sie, Ihre eigenen Worte der Dankbarkeit und der Liebe zu finden.
Machen Sie das für verschiedene Körperteile: für das Herz, den Bauch, die Ohren, die Füße – was immer Sie möchten. Sehen Sie jeden Körperteil mit den Augen der Liebe und danken Sie ihm dafür, dass er mit Ihnen zusammen die Reise durch das Leben macht.
Wichtig dabei ist, dass Sie die Worte auch wirklich fühlen. Mit jedem Körperteil, dem Sie sich zuwenden, sollte in Ihnen ein warmes, gutes Gefühl der Liebe und der Dankbarkeit wachsen. Lassen Sie die Liebe zu.
Kommen Sie am Ende wieder zurück zu Ihren Augen und schließen Sie die Übung ab, indem Sie nochmals die Worte vom Anfang wiederholen: »Du bist wundervoll, so wie du bist. Danke, dass du da bist.«

# Das Gold polieren

## Wie wir Liebe und Wertschätzung leben

Meister Musashi gab der Teeschale den letzten Schliff: Er versiegelte den vergoldeten Urushi mit einer Schicht Klarlack. Nach dem Trocknen polierte er den Lack, um das Gold richtig zum Glänzen zu bringen. Der handwerkliche Teil von Kintsugi war damit beendet.

Die Goldschicht, die Meister Musashi zuletzt aufgebracht hatte, war sehr empfindlich. Zum Schutz versiegelte er sie mit einer Schicht Klarlack. Während er den Lack mit einem feinen Pinsel auftrug, dachte er: »Damit nicht plötzlich Gold im Tee von Herrn Takeshi schwimmt.«
Nachdem der Klarlack getrocknet war, legte der Kintsugi-Meister ein allerletztes Mal Hand an die Teeschale. Er polierte die Bruchlinien, um die Schönheit des Goldes voll zur Geltung zu bringen. Geschafft! Die Reparatur war fertig, die Teeschale wieder ganz. Sie erstrahlte in einer ganz eigenen Schönheit, die sie durch Kintsugi erhalten hatte. Für Meister Musashi war die Arbeit nun beendet.

Während er sein Werk anschaute, dachte er: »Die Reparatur hat lang gedauert. Sie kostete viel Geduld, Sorgfalt und Mühe. Doch schlussendlich hat sich all das ausgezahlt.« Er freute sich, dass Kintsugi wieder einmal geglückt war. Und er freute sich darauf, die heile Teeschale Herrn Takeshi zu überreichen.

Das Polieren der Bruchlinien in diesem Schritt von Kintsugi bringt das Gold zum Glänzen. Wie können auch wir uns »polieren«, sodass wir vor Liebe und Mitgefühl aufleuchten wie das Gold der Teeschale?

Dass die Liebe das Zentrum des Lebens ausmacht, steht für viele Menschen außer Frage. Die Liebe macht das Leben erst richtig kostbar. Dass es schöner ist, mit Liebe im Herzen für sich und andere durchs Leben zu gehen als ohne, versteht sich ohnehin von selbst. Denn wer Liebe im Herzen trägt, ist reich. Er fühlt sich gut – und das relativ unabhängig von den äußeren Gegebenheiten.

*Seinen Mitmenschen mit Mitgefühl und Liebe zu begegnen drückt eine grundlegende Wahrheit aus: Wir alle sind im Kern gleich.*

Wir alle sitzen im selben Boot, werden irgendwann geboren, leben eine Weile und sterben dann. Wir sehen zwar unterschiedlich aus, haben verschiedene Haut- und Haarfarben,

sind mal größer und mal kleiner, mal männlich und mal weiblich, mal dick und mal dünn und gehen unterschiedlichen Tätigkeiten nach, doch wir alle sind auf derselben Reise: der durch unser Leben.
Diese Reise beinhaltet Höhen und Tiefen. Mal geht es steil hinauf und wir fühlen uns als Könige der Welt. Doch im nächsten Augenblick geht es schon wieder abwärts und wir finden uns im modrig-feuchten Gefühlskeller wieder. Und natürlich bekommen wir auch jede Menge Schrammen ab auf unserer Reise.
Bei Kintsugi geht es um genau diese Schrammen, die wir alle haben. Und darum, was wir aus ihnen machen, wie wir mit ihnen leben. Mit Kintsugi umarmen wir unsere eigene Fehlerhaftigkeit, unsere Nicht-Perfektion, indem wir sie akzeptieren und als im tiefsten Inneren zu uns gehörig erkennen. Wir sehen, dass es gerade unsere Makel sind, die uns eine ganz eigene Qualität der Schönheit und der Menschlichkeit schenken.
Diese von Kintsugi geprägte Sichtweise können wir nicht nur auf uns anwenden, sondern auch auf unsere Mitmenschen. Sie sind genauso wie wir, haben allerlei Makel, der eine mehr, der andere weniger. Statt sie für ihre Fehlerhaftigkeit zu verurteilen, können uns gerade ihre Makel einen Weg zeigen, um ihnen mit Akzeptanz, Mitgefühl und Liebe zu begegnen. Denn auch unsere Mitmenschen haben sich im Laufe ihres Lebens allerlei Schrammen eingefangen, haben Schmerzen in verschiedenster Form erlitten und die Dunkel-

heit kennengelernt. Genauso wie wir waren sie traurig, verzweifelt, depressiv und hatten dunkle, schmerzvolle Gedanken. Auch Herr Nakamura fühlte in letzter Zeit großes Mitgefühl für seine Mitmenschen.

### *Herr Nakamura faltete Papierkraniche*

Die schlechte Nachricht verbreitete sich nach und nach im Verlag: Frau Yamamoto, die nette Kollegin aus der Werbung, war ernsthaft erkrankt. Bei einer Südamerikareise hatte sie sich eine obskure Infektion zugezogen.

Herr Nakamura kannte sie nicht sonderlich gut, doch er mochte sie. Gelegentlich hatten sie sich über die geplanten Werbeaktionen für ein Buch unterhalten, das er lektorierte. Sie war eine kleine quirlige Frau mit grauen Haaren und einer roten Brille, hinter der ihre Augen wach funkelten. Immer sprühte sie vor Ideen. »Wie ein kleiner Wirbelwind«, dachte Herr Nakamura. Er hatte sie immer für ihre Energie bewundert, die sie trotz ihres fortgeschrittenen Alters ausstrahlte. Dass sie jetzt schwer krank im Bett lag, machte ihn traurig. Es passte so gar nicht zu ihr.

Nicht nur er, sondern auch seine Kollegen waren betroffen. Als kleine Aufmerksamkeit schrieben sie ihr eine Karte mit Genesungswünschen und schickten ihr dazu einen großen Blumenstrauß. Nach zwei Monaten kam die Nachricht, dass sich der Gesundheitszustand von Frau Yamamoto rapide verschlechtert hatte. Ihr Fieber war gestiegen und sie hatte eine Art Anfall erlitten. Jetzt lag sie im Aoyama-Krankenhaus. Zu allem Unglück schienen die Ärzte noch immer nicht zu wissen, um welchen Virus es sich genau handelte. Die Lage schien ernst zu sein.

Als er das hörte, erinnerte sich Herr Nakamura an die Zeit zurück, als er selbst im Aoyama-Krankenhaus lag. Es kam ihm wieder in den Sinn, wie hoffnungslos und verzweifelt er gewesen war, als ihm Dr. Ishiguro den Verdacht auf eine ernsthafte Gehirnverletzung mitgeteilt hatte. Und wie steril-weiß und kalt das Zimmer gewesen war, in dem er lag. Obwohl er Frau Yamamoto nicht gut kannte, beschäftigte ihn ihr Schicksal sehr. Das erstaunte ihn ein wenig. In letzter Zeit begegnete er sich selbst mit mehr Mitgefühl und Liebe und vielleicht lag hierin die Ursache für die tiefe Anteilnahme, die Herr Nakamura neuerdings auch anderen gegenüber empfand.

»Ich würde so gern helfen«, dachte er. »Was kann ich machen?« Plötzlich kam ihm eine Idee: Er würde Origami-Kraniche falten. Der Kranich ist in Japan seit jeher ein Symbol für Gesundheit und ein langes Leben. »Ich nehme buntes Papier und ziehe die Kraniche an Schnüren auf, damit man sie an die Decke hängen kann«, entschloss sich Herr Nakamura. »Dann ist das Zimmer von Frau Yamamoto bunter und voller positiver Energie.« Enthusiastisch machte er sich an die Arbeit.

Jeden Abend faltete Herr Nakamura also Kraniche. Als er fünfzig Stück beisammenhatte, erwähnte er zufällig im Verlag, was er vorhatte. Die Idee verbreitete sich wie ein Lauf-

feuer. Viele seiner Kollegen fingen auch an, Papierkraniche für Frau Yamamoto zu falten. Schnell kamen so einige Hundert zusammen.
Eine kleine Delegation besuchte schließlich Frau Yamamoto im Aoyama-Krankenhaus und überreichte ihr das Geschenk im Namen aller Kollegen. Frau Yamamoto war von dieser Geste zu Tränen gerührt. Wie Herr Nakamura es beabsichtigt hatte, gaben ihr die bunten Kraniche neue Kraft – und bald schon ging es mit ihrer Gesundheit bergauf.

Herr Nakamuras Geschichte zeigt, wie leicht es sein kann, seinen Mitmenschen mit mitfühlender Liebe zu begegnen. Man muss nur an sein eigenes Leid denken und sich dann vor Augen führen, dass es dem anderen ganz genauso geht. Obwohl sich Herr Nakamura und Frau Yamamoto nicht gut kannten, war plötzlich eine Verbindung da, von Herz zu Herz. Herr Nakamura erkannte sich selbst in Frau Yamamoto wieder. Als Konsequenz dieser Einsicht entstanden in ihm Mitgefühl und Liebe.
Wenn es uns gelingt, eine solche Liebe zu verbreiten, indem wir sie leben, dann bereichern wir nicht nur uns damit, sondern auch alle Menschen, denen wir begegnen.
Im Alltag sind wir häufig weit davon entfernt, unseren Mitmenschen mit Mitgefühl und Liebe zu begegnen: zu viel Stress, zu viel Hektik und zu viel Anonymität. Und wieso sollten wir überhaupt jemandem liebevoll begegnen, wenn wir ihn nicht mal kennen?

Generell machen wir unser Verhalten davon abhängig, wie wir zu jemandem stehen: Menschen gegenüber, die wir mögen und die uns nahestehen, verhalten wir uns akzeptierend und unterstützend. Wir hören ihnen zu, helfen ihnen und sind da für sie. Wir wollen, dass sie glücklich sind.

*Es macht Freude,*
*mit seinen Mitmenschen liebevoll umzugehen.*
*Es ist ein wirklich einfacher Weg,*
*um selbst Glück zu erfahren.*

Diese positive Einstellung nimmt immer weiter ab, je fremder uns jemand ist. Beim Sitznachbarn im Zug oder der Kassiererin im Supermarkt ist uns schon relativ egal, wie es ihnen geht. Wildfremden Menschen gegenüber ist unsere Einstellung generell eher indifferent. Wir gehen an ihnen vorbei und denken uns: »Was geht mich diese Person an?« Gelegentlich tut es aber einfach gut, allen Menschen mit demselben Maß an Mitgefühl und Liebe zu begegnen. Indem wir alle gleich behandeln, drücken wir in unserer Einstellung und unserem Verhalten die Wahrheit aus, dass wir im Kern tatsächlich alle gleich sind.

# FÜR IHREN ALLTAG

## Liebe im Alltag verbreiten

Für den Anfang ist die Länge eines Tages ideal, um sich in dieser Einstellung zu üben: Nehmen Sie sich hierzu am Morgen bewusst vor, an diesem Tag ein wenig Liebe in die Welt zu bringen. Und zwar durch die denkbar einfachste aller Methoden: Allen Menschen, die Ihnen über den Weg laufen, begegnen Sie mit derselben positiven Einstellung, demselben Maß an Akzeptanz, mit Mitgefühl und Liebe. Sagen Sie sich dazu selbst: »Heute sind mir alle Menschen willkommen.« Es ist dabei hilfreich, sich vorzustellen, dass alle Menschen, die Ihnen begegnen, alte Freunde sind.

Machen Sie es sich zum Ziel, dass alle Menschen nach der Begegnung mit Ihnen glücklicher sein sollten als davor. Kosten Sie das gute Gefühl aus, Ihren Mitmenschen liebevoll zu begegnen. Sie beschenken mit Ihrem Verhalten nicht nur sie, sondern auch sich selbst.

# Aus der Teeschale trinken

## Wie wir Freude ins Leben bringen

Herrn Takeshi war da, um seine Teeschale abzuholen. Er war begeistert von der Arbeit des Kintsugi-Meisters, aus Dankbarkeit verneigte er sich tief vor ihm. Dann nahm er seine geliebte Teeschale mit nach Hause und konnte es kaum erwarten, endlich wieder aus ihr zu trinken.

Meister Musashi war zufrieden: Die Teeschale war wie Phönix aus der Asche aus ihren Scherben auferstanden. Doch Kintsugi war damit noch nicht beendet. Der Meister wusste, dass noch ein Schritt fehlte. Ein letzter, entscheidender Schritt: Herr Takeshi musste seine reparierte Teeschale wieder in Besitz nehmen, er musste aus ihr trinken und sich an ihr erfreuen. Das war ganz wesentlich.
Die Reparatur war so lange nicht beendet, bis die Teeschale wieder ein Teil des Lebens ihres Besitzers wurde: Bis Herr Takeshi Tee in sie eingoss, sie an seine Lippen führte und aus ihr trank. Bis er ihre neue Textur mit den Fingern spürte und die vergoldeten Bruchlinien sah. Meister Musashi war

bewusst, dass all das auch zu Kintsugi gehörte: Die reparierte Teeschale wollte benutzt werden. Und sie wollte, dass man Freude an ihr hat. All die Jahre, die er kaputte Dinge mit Kintsugi repariert hatte, haben ihm gezeigt: Das letzte Geheimnis von Kintsugi war die Freude.

Was bedeutet dieser letzte Schritt für uns? Er führt uns die Bedeutung der Freude im Leben vor Augen. Wenn wir mit Kintsugi unsere Wunden heilen, läuft auch das am Ende auf die Freude hinaus. So wie die reparierte Teeschale freudig benutzt werden möchte, liegt es an uns, zu leben und uns am Leben zu erfreuen.

Wir sollten uns an uns selbst erfreuen, an dem, wer wir sind und wie wir sind. An dem, was wir an Schwierigkeiten und Krisen durchgemacht haben und wie wir diese Stolpersteine nutzten, um an ihnen zu wachsen und uns zu entwickeln. Nicht zuletzt sollten wir uns darüber freuen, dass wir existieren. Am Leben zu sein ist ein großes Geschenk und überhaupt nicht selbstverständlich. Kintsugi zeigt uns den Wert des Lebens, indem es etwas Zerbrochenes wieder zusammenfügt, ihm also neues Leben schenkt.

Dieses Geschenk des Lebens ist jedoch auch mit einer Aufforderung verbunden: wirklich zu leben, keine Minute zu verschwenden, sondern das Leben in all seiner Fülle und allem, was es an Wunderbarem zu bieten hatte, auszukosten. Es ist unsere Aufgabe, das Leben nicht zu vertrödeln und zu vertun, sondern bis zum Bersten zu füllen mit Sinn, Schönheit, Freude und Liebe.

Wenn dabei etwas kaputtgehen sollte, ist das kein Problem. Kintsugi zeigt uns, dass Scherben nicht das Ende sind. Sooft wir auch fallen und zerbrechen sollten, wir können uns jedes Mal aufs Neue wieder zusammensetzen und kommen uns dabei ein kleines Stück näher. Mit jedem Mal lernen wir ein bisschen mehr über uns, über das, was wir wirklich wollen, und das, was wir wirklich brauchen. Wir nutzen den Umstand, in Scherben zu liegen, um uns in eine schönere, besser zu uns passende Form zu bringen. Dann können wir glänzen wie die mit Kintsugi reparierte Teeschale.
Dass er aus seinem schlimmen Fahrradunfall das Beste gemacht hat, fand auch Herr Nakamura.

## *Herr Nakamura bestieg den Fuji*

Herr Nakamuras Unfall lag bald ein Jahr zurück. »Das muss gefeiert werden!«, dachte er. Der Unfall war ein einschneidendes Erlebnis in seinem Leben gewesen. In der Zeit seither hatte sich Herr Nakamura stark verändert. In jeder Hinsicht zum Guten, wie er fand.
Er hatte den Unfall als Chance gesehen, sein Leben umzukrempeln, und hatte sie genutzt. Er war viel glücklicher als vorher, offener, lebenslustiger. Er akzeptierte sich und andere stärker. »Ich bin fast glücklich, dass ich den Unfall hatte«, ging es ihm durch den Kopf.
Um sein neues Leben zu feiern, wollte Herr Nakamura etwas Außergewöhnliches machen: Er würde den Fuji besteigen. Den höchsten Berg Japans. Den heiligen Berg der Götter.

Wie könnte er seiner Freude über die Wendung, die sein Leben genommen hatte, besser zum Ausdruck bringen? Die Idee war perfekt.
Und er würde es nicht allein machen. »Bei so einer Aktion muss man einfach Menschen dabeihaben, die man liebt. Dann wird es noch schöner!«, dachte Herr Nakamura und fragte seine Freunde, ob sie ihn nicht begleiten würden. Alle, die Zeit fanden, sagten freudig zu.
Nach kurzen Planungen ging es los. Die kleine Gruppe wollte nachts aufsteigen, damit sie den Sonnenaufgang vom Gipfel aus erleben könnte. Das ist sehr beliebt. Jede Nacht kann man eine schier endlose Lichterkette sehen, die sich im Zickzack langsam den Berg hinaufschlängelt.
Herr Nakamura und seine Freunde starteten gegen Mitternacht. Der Aufstieg zog sich über mehrere Stunden hin, enge Geröllpfade hinauf, manchmal steile Treppen. Es war anstrengend. Um Kraft zu schöpfen, machten sie immer wieder Pausen. Dann gliederten sie sich neu in die Lichterkette ein, die aus den Stirnlampen der Bergsteiger vor und hinter ihnen gebildet wurde.
Schließlich kamen sie am Gipfel an. Genau zum richtigen Zeitpunkt, denn der erste Schweif des Morgengrauens zeichnete sich schon am Horizont ab.
Sie alle waren vom Aufstieg erschöpft, doch die Stimmung war großartig. Herr Nakamura stand mit seinen Freunden am Rand des Vulkankraters und schaute gespannt in die Richtung, in der die Sonne erscheinen würde. Und da war

sie! Langsam und majestätisch erhob sich der glutrote Feuerball am Himmel. Das Glück, das Herr Nakamura in diesem Augenblick empfand, lässt sich nicht in Worte fassen. Es war ohne Zweifel einer der schönsten Augenblicke seines Lebens. Jede Faser seines Seins wurde von einem tiefen Glücksgefühl durchströmt. Er war überwältigt. Und dankbar. Zutiefst dankbar, am Leben zu sein und diesen magischen Moment erleben zu dürfen, mit seinen Freunden auf dem höchsten Punkt Japans. Laut stimmte Herr Nakamura in den Jubel seiner Freunde ein. Und ein neuer Tag begann.

Herr Nakamura hat das Unglück, das ihm in Form seines Unfalls widerfahren ist, zum Guten gewendet. Machen wir es ihm nach und öffnen wir uns für die Freude im Leben. Freude ist eine Wahl, die wir jeden Tag aufs Neue treffen können. Die Entscheidung liegt allein bei uns.
Sicher, manchmal erscheint uns unser Alltag ziemlich grau und trist. Doch das liegt möglicherweise daran, dass wir uns der Freude verschlossen haben. Sie ist zwar da, doch wir sind nicht offen für sie, also können wir sie nicht spüren.
Es geht also darum, die Gelegenheiten für Freude zu bemerken. Und der Freude Raum in uns selbst zu geben. Nur so kann sie sich entfalten.
Zum Glück kann man beides üben: Gelegenheiten zur Freude im Alltag zu finden und der Freude Raum zur Entfaltung zu geben. Mit ein wenig Übung fällt es uns bald ganz leicht, auf der Sonnenseite des Lebens zu gehen. Der Alltag steckt

voller Gelegenheiten, sich zu freuen: große und kleine. Dass wir uns bei großen Dingen freuen, ist klar. Doch die großen sind eher rar gesät. Die Kunst liegt darin, die kleinen Gelegenheiten zur Freude zu entdecken und zu ergreifen. Denn diese sind viel häufiger anzutreffen: eine flüchtige Begegnung mit einem netten Kollegen auf der Arbeit, ein schöner Sonnenuntergang, ein Stück Schokolade, das langsam auf der Zunge schmilzt.

*Freude ist überall zu finden. Wir müssen nur offen für sie sein. Wenn wir uns bewusst für sie entscheiden und sie in unser Leben einladen, wird sie sich in verschiedensten Formen zeigen. Aber nur, wenn wir wirklich bereit für sie sind.*

Kintsugi ruft uns mit aller Kraft zu, uns bewusst für die Freude zu entscheiden. Für das Vertrauen in uns und das Wissen, dass die Dinge gut ausgehen werden, egal wie düster es auch im Moment aussehen mag. Die goldene Pracht, die am Ende von Kintsugi steht, ist eine liebevolle Aufforderung an uns, ebenso zu glänzen, Liebe zu verbreiten und Freude zu empfinden. Packen wir also die Gelegenheit beim Schopf und stürzen wir uns mutig in das Abenteuer des Seins. Vor Scherben brauchen wir uns dabei nicht zu fürchten. Denn Scherben bringen Glück.

## FÜR IHREN ALLTAG

### Sich der Freude öffnen

Finden Sie Ihre ganz persönlichen kleinen Momente der Freude. Sie sind ein sicherer Schlüssel zum Glücklichsein. Beginnen Sie damit, sich vorzunehmen, jeden Tag mindestens drei kleine Gelegenheiten zur Freude wahrzunehmen. Schärfen Sie hierzu Ihren Freuderadar: Gehen Sie offen und wach durch Ihren Tag und schauen Sie, was er zu bieten hat.

Wenn sich eine Gelegenheit zur Freude bietet, dann ergreifen Sie sie auch: Kosten Sie die Freude aus. Halten Sie bewusst inne und geben Sie der Freude Zeit und Raum, sich in Ihnen zu entfalten. Sie fühlt sich warm und gut an. Erlauben Sie sich, dieses Glück zu empfinden. Und lassen Sie es nachhallen, solange Sie können. Steigern Sie sich langsam darin, Gelegenheiten zur Freude zu finden und diese auszukosten. Werden Sie ein Meister dieser Kunst.

## IMPRESSUM


ISBN 978-3-8338-6859-7


**Projektleitung:** Anja Schmidt
**Lektorat:** Dr. Diane Zilliges
**Umschlaggestaltung und Layout:** independent Medien-Design, Horst Moser, München
**Herstellung:** Susanne Fuhrmann
**Satz:** Christopher Hammond
**Lithos:** Longo AG, Bozen
**Druck & Bindung:** Drukarnia Dimograf SP.zo.o, Polen

ISBN 978-3-8338-6859-7

2. Auflage 2019

GRÄFE UND UNZER

*Ein Unternehmen der*
GANSKE VERLAGSGRUPPE

www.facebook.com/gu.verlag

QUALITÄTS G|U GARANTIE

LIEBE LESERINNEN UND LESER,
wir wollen Ihnen mit diesem Buch Informationen und Anregungen geben, um Ihnen das Leben zu erleichtern oder Sie zu inspirieren, Neues auszuprobieren. Wir achten bei der Erstellung unserer Bücher auf Aktualität und stellen höchste Ansprüche an Inhalt und Gestaltung. Alle Anleitungen und Rezepte werden von unseren Autoren, jeweils Experten auf ihren Gebieten, gewissenhaft erstellt und von unseren Redakteuren/innen mit größter Sorgfalt ausgewählt und geprüft.

Haben wir Ihre Erwartungen erfüllt? Sind Sie mit diesem Buch und seinen Inhalten zufrieden? Haben Sie weitere Fragen zu diesem Thema? Wir freuen uns auf Ihre Rückmeldung, auf Lob, Kritik und Anregungen, damit wir für Sie immer besser werden können. Und wir freuen uns, wenn Sie diesen Titel weiterempfehlen, in Ihrem Freundeskreis oder bei Ihrem online-Kauf.

Sollten wir Ihre Erwartungen so gar nicht erfüllt haben, tauschen wir Ihnen Ihr Buch jederzeit gegen ein gleichwertiges zum gleichen oder ähnlichen Thema um.

KONTAKT
GRÄFE UND UNZER VERLAG
Leserservice
Postfach 86 03 13
81630 München
E-Mail: leserservice@graefe-und-unzer.de

Telefon: 00800 / 72 37 33 33*
Telefax: 00800 / 50 12 05 44*
Mo-Do: 9.00-17.00 Uhr
Fr: 9.00-16.00 Uhr
(*gebührenfrei in D,A,CH)

**Syndication:**
www.seasons.agency

**Umwelthinweis**
Dieses Buch ist auf PEFC-zertifiziertem Papier aus nachhaltiger Waldwirtschaft gedruckt.